信息化背景下公共图书馆个性化服务发展趋势

李渤　著

图书在版编目(CIP)数据

信息化背景下公共图书馆个性化服务发展趋势 / 李渤著. -- 天津 : 天津大学出版社, 2023.6
ISBN 978-7-5618-7536-0

Ⅰ. ①信… Ⅱ. ①李… Ⅲ. ①公共图书馆－图书馆服务－研究 Ⅳ. ①G258.2

中国国家版本馆CIP数据核字(2023)第122856号

出版发行　天津大学出版社
地　　址　天津市卫津路92号天津大学内(邮编:300072)
电　　话　发行部:022-27403647
网　　址　www.tjupress.com.cn
印　　刷　北京虎彩文化传播有限公司
经　　销　全国各地新华书店
开　　本　710mm×1010mm　1/16
印　　张　10
字　　数　207千
版　　次　2023年6月第1版
印　　次　2023年6月第1次
定　　价　48.00元

前　言

在这个信息化时代，公共图书馆的角色和使命正在经历深刻的变革。《信息化背景下公共图书馆个性化服务发展趋势》一书，旨在深入探讨公共图书馆如何适应并积极响应信息化浪潮，以提供更加个性化的服务，以满足现代社会多样化的知识需求。本书将引领您深入了解这一充满活力的领域，探讨“互联网 +”时代的公共图书馆如何通过数字化、大数据、智能搜索、数据可视化等先进技术，实现更智能、更便捷、更贴心的服务。

第一章信息化背景下的公共图书馆与个性化服务，为本书铺平了道路。它深入研究了信息化对公共服务的影响，回顾了公共图书馆服务的发展现状，以及个性化服务的概念和重要性。这一章为读者提供了一个全面的信息化背景下的公共图书馆服务的基础。

第二章“互联网 +”公共图书馆的个性化服务，进一步探讨了“互联网 +”时代的公共图书馆，介绍了其概述和关键特点，以及在 Web3.0 环境下个性化服务的新机遇。这一章将帮助您理解公共图书馆如何借助互联网技术来提供更具创新性和个性化的服务。

第三章数字化图书馆，它强调了数字化图书馆的特点和建设方式，并通过案例分析展示了数字化图书馆建设的成功经验。这一章将揭示数字化时代公共图书馆如何将丰富的资源数字化，以便更好地满足用户的需求。

第四章大数据在图书馆个性化服务中的应用，将引导您深入了解大数据的概念和应用，并探讨大数据如何推动个性化服务的发展。您将了解到大数据是如何帮助图书馆更好地理解用户需求，并提供更加精准的服务。

第五章智能搜索与定位服务，将介绍智能搜索技术的概述，以及定位服务的实现方法。这一章将揭示如何通过智能搜索技术提供更快速、准确的检索结果，并通过定位服务帮助用户更容易地找到所需的信息。

第六章数据可视化与用户参与，将探讨数据可视化技术在图书馆中的应用，以及如何管理用户参与和反馈。数据可视化不仅可以帮助图书馆更好地展示信息，还可以激发用户的参与，提高服务质量。

第七章未来趋势与发展方向，将展望全球图书馆个性化服务的未来发展趋势，讨论技术创新的前景，以及面临的挑战和解决策略。这一章将帮助您了解公共图书馆在信息化时代的发展方向，并为未来做好准备。

本书的目标是为您提供关于公共图书馆个性化服务发展趋势的全面视角，深入探讨信息化时代的机遇与挑战。我们希望本书能够激发您对公共图书馆的兴趣，并为图书馆工作者、学生、研究者以及对信息服务感兴趣的各界人士提供有益的参考和启发。

愿本书能够成为您在信息化时代探索公共图书馆服务的重要伴侣，同时也期待您在阅读过程中获得启发和新的见解。

编者

目　录

第1章　信息化背景下的公共图书馆与个性化服务

自党的十八大以来，我国取得了历史性的伟大成就，社会公共服务质量和水平逐年提高。各类社会保障制度不断完善，公共服务基础设施条件不断改善，社会公共安全服务体系逐渐健全，公共服务的高速发展对于社会的和谐稳定和发展起到了重要作用。随着我国社会经济的不断发展，我国的社会管理体系不断完善，公共服务需求随着社会进步不断扩大。公共服务是指政府为增强城乡公共设施建设，统筹推进教育、科技、文化、卫生、体育等公共事业发展，为社会公众参与社会经济、政治、文化活动提供保障的各类服务。基本公共服务领域主要包括公共安全、公共教育、公共卫生、社会保障、社会救助以及其他基本社会服务。

在开展公共服务工作的过程中，不论是政府部门的管理人员还是行业技术管理人员，都需要具备运用和掌握各类信息化技术的先进成果的能力，以有效地进行社会治理活动，提高治理效率并优化治理结果。因此，工作人员需要在日常工作和生活中增强对电子信息技术的了解和应用，以提高运用电子信息技术与社会公共服务技术手段的衔接能力。

1.1 信息化背景下的公共服务

1.1.1 信息化背景下公共服务的组织管理现状

在信息化时代，公共服务不再是仅由政府提供，而是通过政府与公民、社会组织等各方的协作来实现。公共服务将更多依赖于信息化技术带来的便利，从而提升服务的速度和公共资源的使用效率。相关管理人员应该如何将移动互联网的多功能性和迅捷性与社会公共服务的日常工作相结合，这不仅考验着管理人员的能力和水平，也是实现公共服务高质量发展的关键因素。目前公共服务工作的管理和组织状况表现入下。

（1）分级管理体系

我国建立了分级负责的公共服务管理体系。中央政府负责整体规划和政策指导，地方政府在各自辖区内负责具体实施和管理。同时，相关部门根据职责划分负责不同领域的公共服务工作，形成了协同推进的管理机制。

（2）整合资源的合作机制

公共服务工作涉及多个部门和机构之间的合作，为了提高管理效率和服务效果，我国建立了整合资源的合作机制。各个部门通过信息共享、协商和合作，共同推进公共服务工作，确保资源的合理配置和优化利用。

（3）强化信息化支撑

信息化技术在公共服务工作的组织管理中发挥着重要作用。我国积极推进电子政务建设，建立了各级政府间的信息共享平台和数据交换机制，提高了信息的流通和共享效率。此外，还建立了公共服务管理信息系统，用于协调和监测公共服务工作的进展。

（4）强调创新和改进

随着社会需求的变化和科技的发展，我国公共服务工作组织管理也在不断创新和改进。注重引入先进的管理理念和方法，积极探索适应信息化时代的管理模式。例如，推广智慧城市建设，提供智能化的公共服务；借助大数据和人工智能技术，进行精准化的资源分配和服务定制。

然而，我国公共服务工作的组织管理仍存在一些问题。例如，部门之间的协调合作仍不够紧密，信息孤岛问题尚未完全解决。管理体制和流程仍存在烦琐和冗余的情况，需要进一步简化和优化。同时，信息安全和隐私保护也是亟待解决的问题。

1.1.2 信息化时代公共服务的新特征

在信息化时代，公共服务不再是仅由政府提供，而是通过政府与公民、社会组织等各方的协作来实现。公共服务将更多依赖于信息化技术带来的便利，从而提升服务的速度和公共资源的使用效率。相关管理人员应该如何将移动互联网的多功能性和迅捷性与社会公共服务的日常工作相结合，这不仅考验着管理人员的能力和水平，也是实现公共服务高质量发展的关键因素。

随着信息化时代的不断发展，互联网技术给人们的生活和工作带来的影响愈加明显。例如，移动互联网作为一项具有颠覆性的技术革新，在信息传播和日常通信方面改变了我们的生活方式。它使得信息的传输和获取不再受限于时间和地域，变得更加碎片化和灵活化。同时，互联网终端的操作也变得更加智能化，使我们可以更方便地使用互联网服务。此外，互联网技术应用平台也更加集成化，提供了更多种类的服务和功能。这些变化为政府公共服务提供了难得的机遇。例如，相关部门可以通过有效地运用门户网站、APP 客户端、微博、微信等渠道发布信息，建立与百姓沟通的平台，对百姓的需求进行收集和整理，更好地为百姓服务。

大数据和云计算等信息化技术将成为重要推动力量，助力国家治理体系和治理能力现代化的加速实现。通过互联网的普及，我们将它们与社会公共服务的各个环节深度结合，全面改进和提升信息发布、为民服务和政策咨询等关键环节的工作方式，从而提高公共服务的技术基础和管理水平。“互联网 + 公共服务”的模式将引领未来社会公共服务的发展趋势，更好、更快地实现公共服务领域的高质量发展。以下是信息化时代公共服务的新特征。

（1）数字化转型

信息化时代公共服务的显著特征之一是数字化转型。随着科技的快速发展，数字技术在公共服务中的应用日益广泛，包括电子政务、在线服务平台等。这种转型使公共服务更加高效、便捷和可持续。例如，通过电子政务系统，政府机构可以提供在线申请、在线缴费和在线咨询等服务，大大提升了服务效率和用户体验。

（2）数据驱动决策

大数据的出现为公共服务提供了巨大的机遇。公共机构可以利用海量的数据来分析和预测社会需求，从而更好地制定政策和优化资源配置。数据驱动决策可以帮助公共服务提供者更准确地了解社会问题，并制定有针对性的解决方案。例如，政府可以利用大数据分析，了解交通拥堵情况并优化交通路线，提高交通运输效率。

（3）多元化渠道和个性化服务

信息化时代公共服务更加注重多元化渠道和个性化服务。传统的公共服务往往受限于时间和地点，而现在通过互联网和移动设备，公共服务可以随时随地提供。政府可以通过多种渠道如门户网站、移动应用等，向公众提供信息和服务。此外，个性化服务也得到了提升，政府可以根据个人需求和特定背景提供定制化的服务，满足不同层次和群体的需求。

（4）公众参与和协作

信息化时代公共服务促进了公众的参与和协作。通过互联网和社交媒体平台，公众可以更直接地与政府机构互动，表达意见、提出建议和参与决策过程。公众的参与可以增强公共服务的合法性和透明度，提高政策的有效性和可持续性。

我国的社会公共服务体系正在不断完善，需要在信息化背景下做好数字化转型、数据驱动决策、多元化渠道和个性化服务以及公众参与和协作等方面的工作，使公共服务更加高效、灵活，并以用户导向，推动公共服务的现代化和提质增效，为新时代社会进步和发展提供有力支持。

1.2 公共图书馆服务的发展现状

我国公共图书馆的发展历史可以追溯到1904年，最早建立的具有现代意义的图书馆位于湖南省和湖北省，至今已有近120年的历史。学术界通常将图书馆的发展历史划分为近代和现当代两个主要阶段。

在近代阶段，公共图书馆经历了初创和起步的阶段。20 世纪初，湖南、湖北两省的图书馆开始向公众开放，提供借阅服务和知识传播，成为社会文化的重要场所。随后，全国范围内的公共图书馆逐渐兴起，设立、规模扩大，图书馆事业得到了积极发展。

而在现当代阶段，公共图书馆经历了迅猛的发展和变革。随着社会的进步和科技的发展，图书馆的功能和服务逐渐扩展。公共图书馆不再局限于提供图书借阅，还积极引入多媒体资源、电子阅览室、数字化服务等，以满足读者多样化的需求。同时，图书馆还致力于推动信息素养教育，开展培训、讲座等活动，提升公众的信息获取和利用能力。

1.2.1　公共图书馆管理和服务模式

在现代科技的推动下，公共图书馆也积极开展数字化建设。数字化图书馆、虚拟阅览室等新兴服务模式逐渐崭露头角，使得读者可以随时随地获取图书和资料。同时，公共图书馆还加强与其他图书馆和机构的合作，建立起了信息资源共享的网络平台，为读者提供更广泛的资源和服务。

当前公共图书馆的管理和服务模式主要包括以下 5 种。

（1）传统馆藏和阅览服务模式

传统馆藏和阅览服务是公共图书馆最基本的服务方式。馆藏包括纸质图书、期刊、报纸等文献资源，读者可以通过图书馆借阅、阅览和查询这些资源。图书馆提供书籍分类、目录索引、书目检索等辅助服务，以帮助读者快速找到所需的信息资源。

（2）数字化服务模式

随着数字化技术的进步，公共图书馆逐渐引入数字化服务模式。这包括数字化图书馆、电子书籍、在线期刊、数据库等数字资源的提供。读者可以通过图书馆的电子阅览室、网站或移动应用程序，随时随地访问和借阅数字资源。数字化服务模式使得图书馆的馆藏更加丰富多样，并提供了更便捷的访问方式。

（3）多媒体资源和互动活动模式

公共图书馆通过引入多媒体资源和举办互动活动，丰富读者的阅读体验。多媒体资源包括音频、视频、电子游戏等，读者可以在图书馆中欣赏、借阅或参与相关活动。图书馆还举办讲座、展览、读书会等互动活动，促进读者之间的交流与合作，提升阅读的趣味性和参与度。

（4）社区参与和合作模式

公共图书馆积极与社区、学校、机构等合作，通过社区参与和合作模式提供更全面的服务。图书馆在社区中设立分馆或服务站点，方便读者接触图书馆资源。与学校合作，为学生提供图书馆服务和阅读教育。与机构合作，开展培训、讲座和研讨会等活动，提升读者的信息素养和阅读能力。

（5）虚拟图书馆和远程服务模式

虚拟图书馆和远程服务模式利用互联网技术，实现了线上的图书馆服务。读者可以通过图书馆的网站或应用程序进行在线借阅、续借、预约等操作，远程参与图书馆的各项服务。虚拟图书馆还提供在线参考咨询、图书推荐、在线培训等服务，满足读者在线学习和信息获取的需求。

不同的图书馆根据自身的发展状况和读者需求，可能采用其中一种或多种服务模式，并不断创新和调整，以提供更优质、多样化的图书馆服务。

1.2.2　公共图书馆管理和服务存在的问题

尽管公共图书馆的服务水平不断提高，但在管理和服务方面仍存在许多问题亟待解决。

（1）馆藏资源不足

许多公共图书馆的馆藏资源相对有限，无法满足读者多样化的需求。这可能是由于预算限制、采购渠道不畅或馆藏发展规划不完善等原因造成的。缺乏丰富的馆藏资源限制了读者获取知识和信息的广度和深度。

（2）服务人员素质不高

部分公共图书馆的服务人员在专业知识、服务态度和沟通能力等方面存在欠缺。他们可能缺乏对新技术的了解和应用，无法提供及时准确的咨询和帮助。服务人员素质不高会影响读者的满意度和对图书馆的信任感。

（3）缺乏个性化服务

公共图书馆的服务模式较为统一化，缺乏个性化的服务。读者的需求多样化，需要个性化的推荐、导读和解答。然而，由于缺乏了解读者的机制和个性化服务的机制，图书馆未能充分满足读者的个性化需求。

（4）技术设施和信息系统落后

一些公共图书馆的技术设施和信息系统相对落后，无法提供高效便捷的服务。例如，图书馆的自助借还系统、图书检索系统等可能不够先进，导致借阅和查询过程烦琐，影响读者体验。

（5）缺乏社区参与

部分公共图书馆与社区的互动和合作不够紧密。图书馆应该积极参与社区活动，了解社区的需求，并提供与社区文化和教育需求相关的服务。缺乏社区参与会导致图书馆与社区脱节，影响了图书馆在社区中的地位和影响力。

1.3　个性化服务

在网络化时代，信息和知识呈爆炸式增长，不断涌现的网络信息形成了一个庞大无边的知识海洋。这给用户提供了丰富的信息资源，但同时也给信息筛选带来了困难。在传统的网络服务模式下，用户主要依靠公共搜索引擎进行信息搜索。随着信息量的增加和类型的多样化，“以人找信息”的服务模式已经无法满足用户的需求，这种搜索信息的模式需要花费客户大量的时间和精力，搜索的结果与用户的匹配度越来越低。用户的信息需求呈现个性化和特色化的特点，而信息资源又无限分散。因此，通过改进和完善信息获取方法，满足用户的个性化信息服务需求已成为当前信息服务的客观要求和发展趋势。

1.3.1　个性化服务的定义和特点

个性化服务是指根据用户的不同特点有针对性地提供不同服务策略和服务内容的服务模式（也可理解为以用户为中心，根据用户的基本属性和需求，通过算法主动向用户提供可能需要的信息和服务）。

与传统的通用服务的主要区别在于其能够满足当前用户的个性化信息

需求，具有明显的“一对一”特点。个性化服务通过重新整合信息资源，利用数据平台和互联网技术，综合分析评判用户的搜索信息关键要素、网络行为的历史记录、教育背景和专业方向、知识结构和所属行业等信息，为用户创造满足其个性化需求的信息服务环境。运用信息挖掘和用户分类等信息化技术手段，构建用户个性需求服务模型，对用户所需的信息进行加工筛选，提供针对性强、独特而有建设性和引导功能的服务内容，以最大程度地满足用户的个性化需求。当前，个性化服务受到人们的喜爱和重视，其应用场景也越来越广泛。个性化服务在现代社会中扮演着越来越重要的角色，它具备以下 4 个显著特点。

（1）强大的针对性

个性化服务能够准确把握用户的需求和偏好，针对每个用户的独特需求提供定制化的服务。通过数据分析和个人化推荐算法，个性化服务可以深入了解用户的兴趣、行为和偏好，从而为用户提供与其个人需求最匹配的服务。这种针对性使得用户能够获得更加精准、有针对性的服务体验。

（2）可定制化

个性化服务具有可定制化的特点，允许用户根据自身需求和偏好进行选择和调整。用户可以根据自己的喜好和需求，在一系列选项中进行个性化的设置和定制，从而获得更符合自己需求的服务。这种灵活性使得用户能够根据自己的喜好和需求来定制服务，提升服务的个人化程度。

（3）主动化

个性化服务是主动化的，它能够主动地根据用户的行为和反馈进行调整和优化。通过不断收集和分析用户的数据，个性化服务可以主动地适应用户的变化需求，并提供相应的个性化建议和推荐。这种主动性使得服务能够与用户的需求实时匹配，提供更加贴合用户的服务体验。

（4）智能化特征

个性化服务具备智能化的特征，通过运用人工智能和机器学习等技术，能够不断学习和优化用户的需求和偏好。个性化服务能够自动识别用户的喜好、习惯和需求，根据用户的历史数据和行为模式进行智能化的推荐和个性化服务。这种智能化特征使得服务能够更好地理解用户，并提供精准、智能化的个性化服务。

综上所述，个性化服务具备强大的针对性、可定制化、主动化和智能化特征。这些特点使得个性化服务能够提供精准、定制化、主动化和智能化的服务体验，满足用户的个性化需求，提升用户的满意度和体验质量。

1.3.2　个性化服务的发展历史

我国个性化服务的发展历史可以追溯到 20 世纪末和 21 世纪初，随着信息化技术的快速发展和互联网的普及，个性化服务逐渐成为关注的焦点。下面是我国个性化服务发展的 3 个重要阶段。

（1）起步阶段（2000 年前）

在这个阶段，个性化服务的概念和实践刚刚开始。最早的个性化服务主要集中在银行信用卡的个性化对账单生成和广告推广方面，以满足消费者的不同需求。

（2）增长阶段（2000—2010 年）

随着互联网的迅猛发展，我国个性化服务进入了增长阶段。在这个阶段，个性化服务开始扩展到多个领域，如电子商务、社交媒体、在线内容和信息服务等。企业通过用户行为分析和大数据技术，提供个性化的产品推荐、广告定制和服务优化，以增强用户体验和满足个体需求。

（3）创新阶段（2010 年至今）

在当前阶段，我国个性化服务呈现出更多的创新和发展。随着技术的不断进步，包括人工智能、机器学习和数据挖掘在内的先进技术被应用于个性化服务领域。个性化推荐系统和智能化算法不断完善，能够更精准地预测用户需求，为用户提供更个性化的服务。

此外，我国政府高度重视个性化服务的发展，并通过政策支持和产业引导促进了相关研究和实践。许多大学和研究机构在个性化服务领域展开了相关研究工作，推动了我国个性化服务的发展。

总的来说，我国个性化服务经历了起步、增长和创新阶段，在不断发展和创新的同时，也面临着个人隐私保护、信息安全和数据治理等方面的挑战。随着技术的进一步发展和用户需求的变化，我国个性化服务将继续迎来更多的创新和发展机遇。

1.3.3 个性化服务的研究现状

目前，个性化服务的研究主要集中在以下 5 个方面。

（1）用户行为分析和个体建模

该方面的研究关注如何通过分析用户的行为数据和个体特征，建立用户画像和个性化模型。通过深入了解用户的兴趣、偏好和行为习惯，可以为用户提供更加精准的个性化推荐和定制化服务。

（2）数据挖掘和机器学习

数据挖掘和机器学习技术在个性化服务中发挥着关键作用。研究人员致力于开发新的算法和方法，以从海量数据中挖掘潜在的个性化模式和规律。这些模式和规律可以用于个性化推荐、用户分类和个性化搜索等领域。

（3）智能推荐系统

智能推荐系统是个性化服务的核心组成部分。研究人员致力于改进推荐算法和模型，以提供更准确、多样化和个性化的推荐结果。此外，也在探索如何解决推荐系统中的一些挑战，如冷启动问题、长尾推荐和推荐解释等。

（4）个性化搜索与信息检索

个性化搜索和信息检索旨在根据用户的特定需求和背景，提供最相关和有针对性的搜索结果。研究人员致力于改进搜索算法、个性化排序和查询扩展等技术，以满足用户的个性化搜索需求。

（5）隐私保护和伦理问题

随着个性化服务的发展，隐私保护和伦理问题变得越来越重要。研究人员关注如何在提供个性化服务的同时保护用户的隐私，并制定合适的伦理准则和规范。

这些方面的研究将个性化服务推向了新的前沿，为提供更智能、个性化的服务奠定了基础。通过不断的研究和创新，个性化服务将更好地满足用户需求，提升用户体验，并在多个领域实现更广泛的应用。

1.3.4　个性化服务存在的问题

个性化服务在实施过程中可能会面临以下 6 个问题。

（1）隐私和数据安全问题

个性化服务需要收集和分析用户的个人信息和行为数据，这可能涉及用户隐私的保护和数据安全的风险。如果不恰当地处理用户数据或存在数据泄露的风险，将对用户信任产生负面影响。

（2）数据偏见和过度个性化

个性化服务依赖于用户的历史数据和偏好，这可能导致信息过滤和推荐的偏见，限制了用户接触新的观点和多样化的信息。过度个性化可能使用户陷入信息“过滤气泡”，无法获得全面的视角。

（3）缺乏透明度和解释性

个性化推荐系统通常是基于复杂的算法和模型构建的，用户往往无法理解推荐结果的具体原因和依据。这缺乏透明度和解释性可能导致用户的疑虑和不信任。

（4）冷启动问题

对于新用户或新兴领域，缺乏足够的个人数据来提供准确的个性化服务。冷启动问题是个性化服务面临的挑战之一，需要找到有效的方法来解决这一问题。

（5）公平性问题

个性化服务的算法可能存在公平性和歧视性问题。例如，推荐算法可能会对某些群体进行偏好或忽略某些群体的需求，导致信息不公平和歧视行为。

（6）用户依赖和信息过载

过度依赖个性化服务可能使用户变得过度依赖，缺乏自主选择和多样性。此外，个性化服务可能会给用户带来信息过载，导致用户感到压力和困惑。

解决这些问题需要个性化服务提供者和研究人员共同努力，加强数据隐私保护、算法公正性、透明度和用户参与等方面的探索，以确保个性化服务的可信度、公平性和可持续发展。

1.3.5　公共图书馆个性化服务对读者满意度的影响

个性化服务对读者满意度有着显著的影响。通过提供针对个体需求的定制化服务，图书馆能够更好地满足读者的期望，提供更优质的阅读体验。以下是个性化服务对读者满意度的 4 个主要影响方面。

（1）提供个性化的图书推荐

个性化推荐系统能够根据读者的兴趣、阅读历史和偏好，为其推荐最相关和感兴趣的图书。这样的个性化推荐能够帮助读者发现新的图书，满足其特定的需求，提升阅读体验，增强对图书馆服务的满意度。

（2）定制化的阅读指导

通过大数据分析读者的阅读行为和兴趣偏好，图书馆可以为每个读者提供个性化的阅读指导。例如，根据读者的喜好和目标，推荐适合其阅读水平和兴趣的书籍、文章或学术资源，并提供相应的阅读建议和学习路径。这样的定制化服务可以提高读者的阅读效果，增强他们对图书馆服务的认可和满意度。

（3）快速和便捷的信息查询与获取

个性化服务还包括快速、便捷的信息查询与获取。通过大数据技术，图书馆可以为读者提供个性化的信息搜索结果，根据读者的搜索历史和兴趣，呈现最相关和有用的信息资源。这样的个性化信息查询能够节省读者的时间和精力，提高他们的信息获取效率，增强满意度。

（4）提供个性化的学习支持

图书馆可以利用大数据分析读者的学习习惯和学术需求，为其提供个性化的学习支持。例如，根据读者的学科偏好和学习进度，推荐相关的学术论文、研究报告或学术活动，并提供相应的学术指导和资源引导。这样的个性化学习支持能够提升读者的学术成就感和满意度。

个性化服务能够为读者提供更贴近其需求和兴趣的服务，增强他们对图书馆的认可和满意度。通过利用大数据技术和个性化推荐系统，图书馆能够实现更精准、个性化的服务，满足读者多样化的需求，提升图书馆的价值和影响力。

第 2 章　“互联网 +”公共图书馆的个性化服务

2.1　“互联网 +”公共图书馆概述

2.1.1　“互联网 +”

（1）“互联网 +”的定义

“互联网 +”是指将互联网技术与传统产业相结合，通过创新和应用互联网技术，推动传统产业的转型升级和发展。它是一种以互联网为核心驱动力的商业模式和发展理念。“互联网 +”的概念的提出，旨在倡导和促进互联网与各行各业的深度融合，以推动经济的创新和发展。“互联网

+”不仅仅是简单地将互联网技术应用到传统行业中，更是通过互联网的力量，改变传统行业的商业模式、生产方式、管理方式和服务方式，实现更高效、更便捷、更智能的运作。

“互联网 +”的核心思想是通过互联网技术的创新和应用，打破传统行业的壁垒，实现信息的共享、资源的整合和创新的融合。通过互联网平台，不同行业的企业、个体和用户可以实现更直接、更高效的交流和合作，提供更个性化、多样化的产品和服务。“互联网 +”在各个领域都有广泛的应用，如电商、金融、医疗、教育、交通、农业等。它推动了线上线下的融合，加速了信息的传播和交流，提高了效率和便利性，并为创新创业提供了更广阔的平台和机会。“互联网 +”是一种以互联网为驱动力的发展模式，通过创新和应用互联网技术，推动传统产业的转型升级，实现经济的创新、发展和社会的进步。

当前，互联网时代已经在各个方面深刻地影响着人类社会生活，并不断增强对社会生产力的促进作用。作为新型生产资料，数据持续推动着信息化和工业化的深度融合。利用现代信息通信技术，如互联网平台、大数据和云计算，可以创造全新的行业生态，这已经成为广泛共识。

（2）“互联网 +”的特征

一般认为，“互联网 +”具有 4 大基本特征。

1）跨界融合

跨界意味着突破传统行业壁垒，通过在线共享和利用行业资源，同时获取网络上的其他资源，从而促进本行业的进一步发展。跨界不仅有利于变革、整合和重塑，还有利于开拓创新。只有提供更广泛的社会服务，才能融合更多的社会资源，从而创新的可能性变得更大，协同的手段也变得更加丰富。其次，跨界融合包括角色的融合，满足客户需求，将消费转化为投资，并参与行业创新。例如，近年来风靡的移动支付就是“互联网 +”的典型应用，通过互联网平台将支付过程引入社会生活，大大提升了交易过程的安全性和便捷性，对当代社会活动产生了深远影响。

2）创新驱动

创新是科技发展至关重要的驱动力量。国家高度重视创新发展，特别是在当今时代，科技创新是国家核心竞争力。加速科技创新及应用，推动行业组织、商业模式的升级换代和开放创新已经成为全社会的共识。国家大力支持和倡导创新创造，形成了良好的社会氛围。

3）结构重塑

互联网不仅便利了信息存储和传递，还具有改变事物结构和重塑管理模式的能力。行业原有的身份职能正在重新定义，包括角色、权责、职能和权益等各个方面都可能发生重新定义的可能性。互联网突破了地理边界的限制，使网络终端节点变得更加平等。

4）生态开放

在互联网时代的商业模式中，不再受限于自然空间，而是成为一个无边界的物质世界。在全球化进程中，充分掌握和利用互联网技术的人将拥有在全新生态发展下的巨大优势。因此，充分利用“互联网 +”不仅是时代的选择，也是必然的趋势。

“互联网 +”与传统思维定式不同，强调非线性思维，以点状发射为主要模式，突出简约专注和够用即可的特点。“互联网 +”以信息化技术引领新经济形势的发展，对行业规则进行重新定义，突出便捷和智能特征。只有符合这种时代特征的需求，才能适应时代的发展。

2.1.2 公共图书馆

（1）公共图书馆的定义

公共图书馆是由政府或公共机构建立和管理的图书馆，旨在向公众提供广泛的图书、资料和信息资源，并为公众提供阅读、学习、研究和文化交流的场所。公共图书馆的主要目标是促进知识普及、文化传承、个人成长和社区发展。公共图书馆通常提供各种类型的图书、期刊、报纸、音像资料和电子资源，涵盖文学、科学、历史、艺术、技术等多个领域。它们为读者提供借阅服务，使读者能够自由地借阅图书和其他资料，并在一定期限内使用。除了借阅服务，公共图书馆还提供阅览室、电子阅览区、多媒体设备、学习空间和会议室等设施，以满足读者的学习和研究需求。

图书馆还举办各种文化活动，如讲座、展览、培训课程和读书俱乐部，以促进读者之间的交流和互动。公共图书馆是一个对所有人开放的机构，无论年龄、背景和经济状况如何，任何人都可以成为图书馆的读者。它们扮演着推动公众教育、知识共享和社会进步的重要角色，为个人和社区提供智力资源和文化娱乐的场所。

（2）公共图书馆的特点

公共图书馆具有以下 8 种特点。

（1）免费借阅服务

公共图书馆提供免费的图书借阅服务，这是其最基本的服务模式之一。任何人都可以成为图书馆的会员，并通过借阅图书来满足自己的阅读需求。这种免费借阅服务大大降低了获取图书的门槛，使阅读成为一项广泛可及的文化活动。

（2）多样化的资源

公共图书馆不仅仅收藏图书，还积极采集和提供多样化的资源。这包括期刊、报纸、音像资料、电子书籍、参考资料等。这种多样化的资源丰富了读者的选择，并能满足不同人群的阅读和学习需求。

（3）广泛的读者群体

公共图书馆的服务对象涵盖了各个年龄段和社会群体。无论是儿童、青少年、成人还是老年人，每个人都可以从图书馆获益。公共图书馆为不同人群提供特定的服务，如儿童阅读推广、青少年学习辅导、成人继续教育等，以满足不同年龄段读者的需求。

（4）知识传播和教育培训

公共图书馆不仅仅是提供图书借阅的场所，它也承担着知识传播和教育培训的重要角色。图书馆举办各种讲座、培训活动、读书俱乐部等，为读者提供学习和知识分享的机会。这种知识传播和教育培训的服务有助于提高读者的知识水平和个人素养。

（5）社区参与和文化交流

公共图书馆作为社区文化的重要组成部分，积极开展各种社区参与活动和文化交流活动。图书馆举办书展、艺术展览、讲座、座谈会等，吸引社区居民参与其中，促进社区的文化交流和互动。这种社区参与和文化交流的模式使公共图书馆成为社区居民共同参与的文化平台。

（6）信息技术应用

随着信息化的发展，公共图书馆逐渐引入信息技术，提供在线图书馆系统、数字资源库、电子阅览室等。读者可以通过在线系统进行图书检索和借阅，利用数字资源库获取电子书籍和期刊文章，利用电子阅览室进行在线阅读。这种信息技术的应用使得读者可以更加便捷地获取和利用图书馆的资源。

（7）个性化服务

公共图书馆致力于提供个性化的服务。图书馆通过读者咨询、参考咨询、定制阅读推荐等方式，根据读者的需求和兴趣进行针对性的服务。这种个性化的服务模式使得读者可以更好地享受到符合自身兴趣和需求的阅读体验。

（8）社会公益性质

公共图书馆作为公共机构，具有社会公益性质。它的服务以社会公益为宗旨，为社会提供免费、开放的知识资源和文化服务。公共图书馆的存在和运营促进了社会的教育、文化和科学进步，使更多人能够平等享受到知识和文化的福利。

这些服务模式和特点共同构成了公共图书馆的核心功能和魅力，使其成为人们获取知识、进行学习和文化交流的重要场所。

2.1.3 “互联网 +”公共图书馆的发展现状

目前，“互联网 +”作为将互联网与传统线下行业创新融合的新型经济形态，正处于蓬勃发展的历史阶段。在各个应用领域，其成果不断增长，同时得到政府的大力支持和广泛推广，成为科研、社会服务和商业应用等领域的研究热点。公共图书馆在“互联网 +”时代下，需要结合自身特点创新发展、不断提升服务质量，充分利用互联网这一广阔平台，实现转型升级。

根据 2020 年中国互联网络信息中心发布的《中国互联网络发展状况统计报告》，截至 2020 年底，中国网民规模达到 10.6 亿，互联网普及率达到 80.22%。中国网民数量相当于美国人口的 3.3 倍。其中，手机网民数量连续 10 年增长率超过 8%，移动图书阅读方式正逐渐成为大众常见的阅读方式。这就要求公共图书馆的服务形式和内容更加适应公众阅读方式的变化。我们注意到公众对个性化阅读的需求越来越明显，碎片化和实时性的阅读特征需要更简洁、精炼且具有时效性的阅读资源来满足读者快速浏览的需求。同时，在“互联网 +”背景下，如何发展综合化的服务成为公共图书馆未来发展的必然方向。例如，24 小时在线图书馆、全数字智能化图书馆、掌上移动图书馆等新型图书管理服务方式将成为未来发展的新趋势。

为了适应“互联网 +”时代的发展潮流，许多图书馆进行了有益的尝试，并取得了丰硕的成果。

①公共图书馆将纸质图书转化为数字化资源，并建立数字化图书馆系统。这使得读者可以通过互联网随时随地访问和借阅图书馆的数字资源，大大提高了资源利用的便捷性和灵活性。公共图书馆通过建立在线图书馆系统，使读者可以通过互联网进行图书检索、借阅和归还等操作。读者可以在家庭、学校、办公室等任何地方使用自己的电子设备访问图书馆的资源，并进行自主的借阅管理。

②公共图书馆建立了数字阅读平台，提供电子书籍和期刊等数字化阅读材料。读者可以通过互联网在线阅读电子书籍，享受数字阅读的便利。同时，图书馆还为读者提供数字化阅读工具和应用程序，提高阅读体验。

③公共图书馆通过数字化资源和信息技术，促进图书馆之间的数据共享与合作。图书馆可以互相借阅、共享数字资源，提供更丰富的图书馆资源给读者。这种合作模式不仅丰富了图书馆的资源库，也提升了公共图书馆的整体服务水平。

④公共图书馆模式还鼓励读者之间的社交和互动。通过建立社交化阅读平台，读者可以分享阅读心得、评论图书、参与在线读书俱乐部等活动。这种社交化的阅读平台促进了读者之间的交流与合作，丰富了阅读体验。

⑤公共图书馆模式运用智能化技术，提供个性化的服务。通过分析读者的阅读偏好和行为数据，图书馆可以为读者推荐符合其兴趣的图书和相

关资源。智能化的服务提高了图书馆的服务质量和读者的满意度。

例如，扬州市图书馆建立了“四位一体”图书馆服务体系建设项目。该项目涵盖了总分馆建设、24 小时自助图书馆建设、流动图书馆建设和数字化图书馆建设等四个主题建设。其中，通过创建掌上图书馆和电视图书馆，将线下阅读转移到数字平台上，突破了传统阅读受时空限制的局限，使阅读变得更加自由便捷。通过建立读书机、阅报机和视频机，使读者能够体验触摸式的交互服务模式，增强了阅读体验，使阅读变得更有趣味。通过“订单式”服务，使读者拥有更多的自主性，可以根据自己的需求进行定制化的需求设置，并指定任意一个分馆作为借阅地点。通过建立数字化体验馆，为读者提供更真实的阅读体验。

2.1.4 “互联网 +”公共图书馆的发展方向

国家向全社会提出了“希望全民阅读能够形成一种无处不在的氛围”“书籍和阅读是人类文明传承的主要载体”“将阅读作为一种生活方式，与工作方式相结合，不仅会增加发展的创新力量，而且会增强社会的道德力量”等倡议，强调了公共图书馆的巨大社会价值。公共图书馆需要不断创新发展，为社会提供更便捷的阅读服务。国家对公共图书馆服务提出了高标准要求，同时也为其提供了广阔的发展空间和机遇。我们需要抓住历史机遇，充分利用“互联网 +”等先进的信息化技术手段，创新服务模式，提升服务水平。这对我国公共图书馆事业的发展具有深远的影响和意义。

在“互联网 +”时代，公共图书馆管理人员应当紧密围绕新思维展开工作，以适应这个全新的格局。公共图书馆应从以下 3 个关键方面实现突破，以改变传统运行模式，更好地为读者服务。

（1）场馆及信息资源建设

1）数字化设施

公共图书馆应配置高速网络设施和稳定的无线网络覆盖，以满足读者在馆内进行在线阅读、学习和研究的需求。提供便捷的电源插座和充电设施，以支持读者使用电子设备。另外，应提供现代化的设备，如电子阅读器、电子书屏幕和多媒体播放设备，以满足多样化的阅读和学习方式。

2）灵活的空间布局

公共图书馆的场馆应设计灵活的空间布局，以适应不同读者需求和活动形式。创造舒适的阅读环境，提供多样化的座位和学习区域，包括个人独立阅读区、小组讨论区、多功能活动区等。同时，应提供专门的创客空间和数字媒体工作室，鼓励读者参与创造性的活动和数字技术应用。

3）资源展示和互动

利用现代化的展示技术，公共图书馆可以通过数字屏幕、投影设备和互动展示台等展示馆藏资源和文化内容。这些技术可以为读者提供丰富的图书馆体验，如数字展览、虚拟实境参观和多媒体演示。此外，应提供互动式学习工具和游戏设备，吸引读者积极参与学习和娱乐活动。

4）舒适的服务环境

公共图书馆的场馆应营造舒适的服务环境，包括清洁、明亮的空间、合理的温度和湿度控制，以及舒适的座椅和工作台。此外，应设置咨询台和自助服务终端，提供便捷的图书借还、查询和导航服务。

5）多媒体体验和互动

借助现代多媒体技术，公共图书馆可以提供音频和视频播放设备，允许读者观看和倾听多种媒体资源。此外，应提供虚拟现实设备和增强现实技术，为读者提供沉浸式的学习和体验。

（2）读者服务

1）数字资源访问

通过互联网平台，读者可以随时随地在线访问丰富的数字资源，如电子书籍、学术论文、期刊文章、多媒体资料等。公共图书馆应提供便捷的数字资源检索和借阅服务，使读者能够方便地获取所需的信息和知识。

2）个性化推荐

基于读者的阅读兴趣和借阅历史，公共图书馆可以利用数据分析和智能推荐算法，为读者提供个性化的图书推荐和阅读建议。通过了解读者的喜好和偏好，图书馆能够更准确地满足他们的阅读需求，提供符合其兴趣和需求的图书和资源。

3）虚拟参观和在线学习

通过虚拟现实技术和在线学习平台，公共图书馆可以为读者提供虚拟参观图书馆的体验，使他们能够通过虚拟环境了解图书馆的各个角落和资源。同时，提供在线学习资源和课程，帮助读者继续学习和提升技能。

4）社交互动

公共图书馆可以通过社交媒体平台和在线讨论区域，鼓励读者之间的互动和知识分享。读者可以参与在线读书俱乐部、文学讲座和研讨会，与其他读者交流和讨论，拓宽视野和增进学习。

5）创新体验活动

公共图书馆可以定期举办创新的活动和展览，如作家访谈、文化艺术展示、科技创客工作坊等，为读者提供丰富的文化体验和参与机会。通过多样化的活动，激发读者的兴趣和创造力。

6）定制化服务

公共图书馆应提供个性化的服务，满足读者的特殊需求。例如，提供无障碍设施和服务，以方便身体残障读者的访问；提供远程服务和送书上门服务，满足无法亲自到馆的读者的需求。

（3）组织管理

1）技术支持与信息系统建设

公共图书馆应投入足够的资源来建设和维护信息技术系统，包括图书馆管理系统、数字资源管理系统、用户管理系统等。这些系统应具备稳定性、安全性和易用性，以支持图书馆的各项业务和服务。

2）数据管理与分析

公共图书馆应建立健全的数据管理机制，收集和整理读者使用行为数据、借阅记录等信息，并运用数据分析技术进行深入挖掘。通过对数据的分析，图书馆可以了解读者的需求和兴趣，优化资源配置，改进服务质量。

3）人才培养与团队建设

公共图书馆需要培养具有互联网和数字化技术背景的专业人才，包括信息技术人员、数据分析师、数字资源管理人员等。同时，建立合作机制，与高校、科研机构等合作，吸引和利用专业人才的力量。

4）创新机制与灵活机构

公共图书馆应建立灵活、高效的组织机构，适应互联网时代的快速变化和创新需求。推行创新机制，鼓励员工提出新想法、探索新模式，激发创新能力和创造力。

5）用户参与与反馈机制

公共图书馆应建立用户参与和反馈机制，鼓励读者参与图书馆的决策和规划。通过用户调研、用户评价等方式，了解读者的需求和意见，及时改进和优化服务。

6）跨界合作与资源共享

公共图书馆应积极开展跨界合作，与其他机构、社区等建立合作关系，共享资源和服务。通过与其他领域的合作伙伴共同开展活动、举办展览等形式，为读者提供更丰富的服务体验。

通过在场馆及信息资源建设、读者服务、组织管理 3 个方面的不断改进，公共图书馆可以更好地适应“互联网 +”时代的需求，为读者提供丰富、便捷、个性化的图书馆服务。

2.1.5 “互联网 +”公共图书馆的研究意义

（1）理论意义

① 2012 年政府工作报告首次提出了“互联网 +”理念。这标志着传统行业模式将正式嵌入互联网应用，而作为公众服务的一部分，图书馆行

业迎来了难得的历史发展机遇。公共图书馆主要的管理流程是收集、整理、保存和传播文献，而这一流程的主要工作对象是纸质文献。无论是阅读者还是管理者，都需要在特定的空间下才能阅读相关的书籍和文献。然而，在快节奏的社会工作常态下，许多有阅读需求的人群难以找到连续的时间来借阅和阅读，导致社会的阅读水平普遍较低，公共图书馆的资源利用效率长期不足。而网络时代的信息是数字化的资源，可以突破时间和空间的限制，使图书馆资源在各种移动终端上进行最大程度的资源共享，从而解决供需双向困境。

②本书研究了信息化背景下公共图书馆个性化服务的趋势，为国家构建“互联网 + 阅读”顶层保障体系提供了有益启示，同时为新时代数字化图书馆的定位和转型提供了参考。在信息化时代，传统行业面临着历史性的变革，只有主动行动才能更好地应对和适应社会需求。针对读者个性化需求进行目标导向的设计可以帮助图书馆找到未来的生存发展之路和前进方向，提升社会整体的阅读水平和公众的文化修养，有助于文化传播和社会人文精神的培养。

（2）实践意义

①本书的研究对于新时期公共图书馆的转型发展具有重要的实践意义，有助于推动信息化新形势下公众图书馆在社会生活中产生广泛影响。为了适应新形势的发展，当代图书馆正在积极朝着数字化建设的方向迈进。借助“互联网 +”平台，可以快速推进数字化转型的进程，将大量的

数字资源在网络平台上进行共享，提高资源利用效率，减少读者的时间和经济成本。准确定位“互联网 +”时代公共图书馆的服务方式和发展路径，持续推进数字化图书馆、移动图书馆等相关产业的创新发展，有力促进数字经济在图书馆服务领域的生根发芽。

②这对于探索图书馆如何更好地满足用户个性化需求，为基于网络空间平台的图书馆服务方式和内容提供更宽广的管理思路具有益处。根据读者的阅读偏好和时间碎片化的客观需求，有针对性地提供更多精炼、符合读者需求的阅读资源，通过分析用户可能感兴趣的主题进行推送，利用大数据算法不断更新和迭代，使推送内容不断修正，变得更加精准。这有效地判断了读者群体的意识方向，并为社会治理提供了更多的参考依据。

（3）创新性研究

①传统的图书馆服务相关研究主要侧重于图书馆物理空间建设、图书馆人才培养和图书销售等方面，而以读者个性化需求为研究目标的研究相对较少。本书则以满足读者需求为首要考虑因素，借助“互联网 +”等信息化技术和手段，思考如何更高效地利用现有图书资源，在尽可能低的成本下提升图书馆资源的利用率和读者满意度，从而有效提升公共图书馆的服务水平和竞争力。

②通过系统阐述“互联网 +”的概念、特点以及传统图书馆的服务方式，客观分析公共图书馆在“互联网 +”时代所面临的机遇和挑战，调研分析国内外的案例，借鉴成功经验，总结“互联网 +”对公共图书馆传统

服务方式的影响，并提出合理的建设方案。在服务硬件设施方面，主要关注场馆设计的特色化和设备终端的多元化；在信息资源提供方面，主要发展数字化的服务资源和定制化的信息资源；在服务效能方面，主要以用户个性化需求为目标，倡导多元化和便捷化，不断增强读者的体验和获得感，深入挖掘用户需求。

2.2 Web3.0 环境下公共图书馆个性化服务概述

Web3.0 被视为互联网的下一代演进阶段，旨在解决 Web2.0 时代所面临的中心化、数据隐私、安全性和数据拥有权等问题。Web2.0 时代，互联网的主要特征是用户生成内容、社交媒体、云计算和移动应用等。然而，Web2.0 模式下，用户的数据和隐私通常由中心化的平台掌控，用户对自己的数据和个人信息缺乏控制权，而且在数据交换和价值传递过程中存在着不透明和中介环节。Web3.0 的概念于 2006 年被提出，它旨在构建一个更加去中心化、用户主导和安全可信的互联网。Web3.0 的核心理念是使用区块链技术和加密货币作为基础，实现去中心化的应用和平台，使用户能够直接掌控自己的数据和数字身份。

在 Web3.0 中，用户可以通过去中心化的应用和智能合约来管理和控制自己的数据，实现数据的安全和隐私保护。区块链技术提供了分布式账本和去中心化的数据存储，确保数据的透明性和不可篡改性。加密货币作为价值传递的媒介，可以实现去中介化和快速的价值交换。Web3.0 的愿景是打破传统互联网中的中心化和垄断，实现更加开放的网络环境。它鼓励用户参与和创造，赋予用户更多的数据控制权，推动数字经济的发展和创新。

2.2.1 Web3.0 的特点

Web3.0 与 Web2.0 相比较，具有如下特点。

（1）用户操作的可控性

Web3.0 归根结底是一种人类信息交流工具，强调人性化的设计和使用理念。在这种思想和原则的指导下，Web 用户的范围没有限制，也没有人为设立的信息交流壁垒和障碍。这要归功于 Web3.0 对链接和操作设备的可控性。没有复杂的按键，没有混淆的程序应用，以至于信息弱势群体的“声音表达”也将成为 Web3.0 信息社会关注的一部分。这一项将大大扩展 Web 信息的效用和覆盖面。此外，Web3.0 操作的可控性还体现在个人信息表达上。Web3.0 用户拥有选择自我信息的权利，他们有独立思考和操控机器的余地。例如，语音识别技术和超高智能设备的使用使得他们可以通过语音或人体姿势来启动触发机制并传递信息，不像 Web2.0 用户那样缺乏个人信息交流的可控性，从而提升用户在 Web 平台上的互联网体验。

（2）深度个性化体验

近年来，随着互联网相关技术的快速发展，互联网应用正朝着应用实践的深度方向发展。特别是虚拟现实技术、网络 3D 技术等的迅猛发展，以及基于这些技术的“第二人生”在网络游戏领域所带来的强大影响，让人们看到了新型互联网形态的活力。这些技术为我们提供了一种巨大的可能性：极大地缩小了 Web 与现实生活之间的差距，Web3.0 用户可以根据自己的个性需求和使用习惯，在互联网上弥补现实生活的不足。互联网用户的体验已经从传统的点击、单向、视听体验进入了全新的多媒体、多渠道、生理体验时代。

（3）网络设备的高度兼容和互通

Web2.0 时代最常见的互联网体验形式是通过个人电脑、复杂多媒体终端等设备进行接入。这种应用方式存在着很大的时空局限性。由于缺乏统一的标准制定和整体互联网规划，导致各种网络硬件设备和软件程序之间的兼容性障碍，影响了互联网各个环节的连续效用。而在 Web3.0 时代，我们以实现设备间互联互通为导向，统筹考虑不断涌现的各类新型移动设备、简易互联网应用终端的开发、制造和互联网应用开发的协调推进。未来，我们将迎来手机、手表、机顶盒等电子产品以及电视机、电冰箱等家用终端接入互联网的时代。

（4）网络的智能化

Web3.0 网络的智能化表现在对人类语音语义的理解以及计算机网络设备与人类的双向对话上。首先，在用户使用自然语言进行搜索时，以 Google 作为 Web2.0 时代的巨头为例，它实现了对海量信息的智能搜索。而 Web3.0 则不仅如此，它要实现对搜索结果的智能分析，并能够快速、准确地将搜索结果反馈给用户。通过将 Web 应用与 Web 用户联系起来，通过智能分析用户信息资料，动态建立和管理互联网用户的数据档案，实现现实人与虚拟生活之间的双向理解。

（5）用户 Web 数据的私有性

Web3.0 的出现之一直接原因是基于用户数据管理的价值实现。在 Web2.0 时代，庞大的用户群登录互联网，每天创造了数以亿计的原创内容。据中国互联网络信息中心（China Internet Network Information Center）估计，截至 2010 年 12 月 31 日，中国网民数量已达 4.59 亿，普及率达到 34.4%。截至 2010 年 10 月底，新浪微博的用户数已经达到 5 000 万，国内微博用户数量超过 1 亿。然而，他们的互联网创作价值却没有得到很好的产业引导，因此从某种程度上存在很多垃圾信息的观点。此外，一些互联网用户劳动的成果，如名人博客等，虽然作为传统媒体、广告代理的延伸，成为一些广告商的赢利工具，但绝大多数的 Web 用户，甚至包括这些博主在内，没有参与到网络价值的分享中。简言之，随着 Web 用户自我价值的觉醒，他们越来越不愿意成为默默无名的英雄。Web3.0 将更加突出互联网用户个人数据的管理，特别是价值的货币化以及用户 Web 数据的设备独立性，从而激发 Web 用户参与、体验互联网的乐趣和积极性。

（6）网站间信息的直接交互、聚合

Web3.0 应用的技术基础是资源描述框架，即 RDF（资源描述框架）。它利用 mashup 技术实现不同网站资源和数据库数据的混合、映射和自动匹配，从而实现不同网站和数据库之间的互联互通和链接调配。在 RDF 框架下，通过使用 Web 本体语言（OWL）对不同网站的资源、数据库的数据和应用程序信息进行推导，可以在平面视频显示和单一网页界面下，通过浏览器实现传统复杂应用程序才能实现的功能。

2.2.2 Web3.0 环境下公共图书馆的个性化服务

Web3.0 是图书馆个性化信息服务的新一代网络环境，从某种意义上来说，它也是图书馆用来满足用户个性化信息需求的工具。在 Web2.0 阶段，为了满足用户的个性化信息需求，我们开发了智能搜索技术、博客技术、BBS 技术、过滤技术、WIKI 技术以及数据挖掘技术、RSS 技术等，积累了丰富的经验。然而，这些技术并不能满足图书馆个性化信息服务的需求，图书馆个性化信息服务在技术层面仍然有很大的提升和挖掘空间。面对用户自我意识不断增强、个性化信息需求越来越强烈的外在压力，公共

图书馆在借鉴 Web2.0 应用经验的基础上，开发适应 Web3.0 网络环境的服务技术，例如语义网技术、RDF（资源描述框架）、SPARQL（简易协议和 RDF 查询语言）、OWL（网络本体语言）技术以及 Web3D 技术等。

（1）相关技术介绍

1）语义网技术

语义网技术旨在为信息赋予更丰富的语义，以便计算机能够更好地理解和处理信息。公共图书馆可以利用语义网技术来建立图书馆资源的语义描述，实现资源之间的关联和语义检索，从而提供更精准和个性化的搜索和推荐服务。

2）RDF（资源描述框架）

RDF 是一种描述和表示资源的语义网标准。公共图书馆可以使用 RDF 来描述和链接图书馆的资源，包括图书、期刊、作者等，从而构建一个开放的、互联的知识图谱，为读者提供更全面和深入的信息检索和浏览体验。

3）SPARQL（简易协议和 RDF 查询语言）

SPARQL 是一种查询语言，用于从 RDF 图中提取信息。公共图书馆可以利用 SPARQL 查询语言，根据读者的需求和兴趣，从知识图谱中检索相关的资源和知识，实现个性化的信息服务。

4）OWL（网络本体语言）技术

OWL 是一种用于描述本体的语言，用于定义和推理资源之间的关系和语义。公共图书馆可以使用 OWL 技术构建图书馆资源的本体模型，为读者提供更智能和精准的推荐和个性化服务。

5）Web3D 技术

Web3D 技术允许在 Web 浏览器中呈现和交互三维图形和虚拟现实内容。公共图书馆可以利用 Web3D 技术创建沉浸式的图书馆体验，通过虚拟展览、虚拟阅览室等方式提供更富有趣味性和互动性的阅读和学习环境。

通过应用以上技术，公共图书馆可以在 Web3.0 环境下创新服务模式，提供更具个性化、智能化和互动性的图书馆服务，为读者提供更丰富、便捷、高效的阅读和学习体验。

（2）Web3.0 环境下公共图书馆个性化服务方式

在 Web3.0 环境下，公共图书馆可以借助区块链和智能合约技术来提供个性化服务，满足读者的个性化需求。以下是公共图书馆在 Web3.0 环境下提供个性化服务的 4 种方式。

1）去中心化的读者档案

公共图书馆可以利用区块链技术建立去中心化的读者档案，其中包含读者的阅读偏好、借阅历史等信息。读者可以自主管理自己的档案，并授权给图书馆或其他合作伙伴来访问特定的信息。基于这些个性化档案，图书馆可以提供针对性的推荐服务，根据读者的兴趣和偏好推荐适合他们的图书或资源。

2）智能合约的定制化服务

公共图书馆可以利用智能合约技术为读者提供定制化的服务。通过智能合约，读者可以自行设定借阅期限、提出购书申请或参与读者社群活动。智能合约可以自动执行这些设定，并提供相应的提醒和通知。这样的定制化服务可以更好地满足读者的个性化需求，提供更加个性化和便捷的图书馆体验。

3）数据隐私和授权管理

在 Web3.0 环境下，数据隐私和授权管理变得更加重要。公共图书馆可以利用区块链和加密技术来保护读者的个人数据隐私，确保只有经过授权的机构或个人可以访问和使用这些数据。通过智能合约，读者可以授权图书馆访问特定的个人数据，并设定访问权限和有效期限。这样的数据隐私和授权管理机制可以增强读者对个人数据的控制和信任，提高个性化服务的可靠性和安全性。

4）去中心化的资源共享和合作

Web3.0 环境下的公共图书馆可以与其他图书馆或机构建立去中心化的资源共享和合作网络。通过智能合约，图书馆可以自动化地共享图书或数字资源，并确保资源的可追溯性和版权授权。这样的资源共享和合作网络可以为读者提供更广泛的图书和知识资源，满足他们的个性化学习和研究需求。

通过以上方式，公共图书馆可以在 Web3.0 环境下提供更加个性化和定制化的服务，使读者能够更好地享受符合自身需求的图书馆资源和服务。同时，借助区块链和智能合约技术，公共图书馆能够增强数据隐私保护、实现资源共享和合作，提升服务的可信度和效率。这些创新的应用可以为读者带来更好的阅读体验和知识获取途径。

除此之外，在公共图书馆推进 Web3.0 网络环境建设的过程中，带动了相关辅助设施的发展。例如，深度加工和广泛的数据化、电子化标注等个性化资源处理，以满足用户的信息需求。提升了网络信息传输能力，用于交互式个性化信息资源的诉求和响应。实现了通用性的移动用户终端程序的开发和广泛应用。这些有助于创造良好的信息环境，打破图书馆信息服务的物理障碍，将图书馆与社会空间相融合。

第 3 章　数字化图书馆

3.1　数字化图书馆的特点和建设方式

3.1.1　数字化图书馆的概念

数字化图书馆的起源可以追溯到 20 世纪末和 21 世纪初，随着计算机和互联网技术的快速发展，人们开始意识到数字化对图书馆的影响和潜力。随着计算机技术的发展和存储容量的提升，数字化技术的应用逐渐成熟，使得数字化处理和存储大规模文献和信息资源成为可能。互联网的普及为信息共享和传播提供了全新的平台，使得数字化图书馆能够通过网络向用户提供在线访问和服务。开放获取运动的兴起促进了学术界对数字化图书馆的重视。学术期刊和研究机构纷纷将研究成果数字化存储并提供开放获取，推动了数字化图书馆的发展。许多国家和机构开始投资和支持数字化图书馆项目，包括数字化文献馆、数字化档案馆等，推动了数字化图书馆的建设和发展。为了促进数字化图书馆的互操作性和共享，国际组织和标准机构制定了一系列的数字化图书馆标准，如Dublin Core元数据标准、OAIS（开放存取信息系统）等。这些因素共同推动了数字化图书馆的起源和发展。数字化图书馆的起源标志着传统图书馆向数字时代的转变，为用户提供了更广泛和便捷的信息资源访问和利用方式。随着技术的不断发展和创新，数字化图书馆的应用和影响将不断扩大和深化。

数字化图书馆是将传统图书馆中的图书、期刊、文献等信息资源进行数字化处理和存储，并利用计算机和网络技术提供在线访问和管理的一种现代化图书馆形式。它以数字化的方式呈现和保存文化遗产和知识资源，使用户能够方便地获取和利用这些资源。

（1）数字化图书馆的硬件设施

1）服务器和存储设备

数字化图书馆需要强大的服务器和存储设备来存储和管理大量的数字化图书馆资源，如图书、期刊、报纸、音视频资料等。这些设备具有高速处理和大容量存储的特点，能够支持多用户同时访问和高效检索资源。

2）计算机设备

数字化图书馆需要各种计算机设备，包括主机、工作站和终端设备，用于管理和运行数字化图书馆系统。主机和工作站通常用于处理和管理图书馆的核心业务功能，而终端设备则提供给用户进行资源访问和交互。

3）网络设备

网络设备是数字化图书馆的基础设施，用于连接服务器、计算机和终端设备，构建图书馆内部的局域网和与外部网络的连接。它包括交换机、路由器、光纤等设备，能够提供稳定的网络连接和高速数据传输，确保用户能够迅速访问图书馆资源。

4）数字化设备

数字化图书馆需要各种数字化设备来处理和转换图书馆资源。其中最常见的是数字化扫描仪，用于将纸质文献和物品转换为数字格式，以便于存储和访问。另外，光学字符识别（OCR）设备也是重要的数字化工具，能够将扫描的文本转化为可编辑的电子文档。

这些硬件设施的合理配置和运用，可以提高数字化图书馆的效率和服务质量。强大的服务器和存储设备能够支持更多资源的存储和管理，计算机设备和网络设备提供了稳定的运行环境和高速的数据传输，数字化设备则能够有效地将纸质资源转化为数字化形式，为用户提供便捷的资源访问方式。数字化图书馆依赖这些硬件设施的协同工作，实现资源的数字化、存储、管理和访问，从而更好地满足用户的信息需求和阅读体验。

（2）数字化图书馆的软件设施

1）数字化图书馆管理系统

数字化图书馆管理系统是数字化图书馆的核心软件设施。该系统提供资源采集、描述、索引、存储和检索等功能，帮助图书馆管理人员有效地管理和组织数字化资源。通过管理系统，图书馆可以对数字化资源进行分类、标注、关联等操作，确保资源的可管理性和可检索性。

2）数字资源存储和传输技术

数字化图书馆依赖于一系列软件技术来实现数字资源的存储和传输。这包括数字化资源的存储格式选择，如常见的PDF、EPUB等格式，以及相应的压缩技术，以最大程度地减小存储空间。同时，还需要网络传输协议，如HTTP、FTP等，确保数字化资源在网络中的高效传输和共享。

3）检索和搜索引擎

为了方便用户对数字化图书馆资源进行检索和搜索，数字化图书馆需要使用先进的检索和搜索引擎技术。这些引擎能够对资源进行全文索引、关键词检索和高级检索，提供快速、准确的检索结果。同时，还可以支持多种检索方式，如分类检索、主题检索、作者检索等，满足用户多样化的检索需求。

4）用户界面和交互设计

数字化图书馆的用户界面和交互设计对于提供良好的用户体验至关重要。通过合理的布局、直观的导航和友好的交互方式，用户可以方便地浏览、搜索和访问数字化资源。图书馆网站和移动应用是常见的用户界面形式，通过界面设计，用户可以快速找到所需资源、了解资源详情，并进行借阅、阅读等操作。

这些软件设施的运用和发展，使得数字化图书馆能够提供更便捷、高效的服务。数字化图书馆管理系统帮助图书馆有效管理和组织资源，数字资源存储和传输技术确保资源的安全存储和高速传输，检索和搜索引擎提供快速准确的资源检索，用户界面和交互设计提供用户友好的浏览和访问方式。这些软件设施的综合应用，使数字化图书馆能够满足用户的信息需求，提供优质的数字化服务体验。

3.1.2 数字化图书馆的特点

数字化图书馆具有以下 6 个特点。

（1）数字化资源

数字化图书馆将传统的纸质文献和信息资源转换为数字形式，实现了资源的数字化存储和在线访问。数字化资源包括电子书、电子期刊、数字档案、数字地图、音频、视频等形式的资料，以及数字化的艺术品和文化遗产等。数字化资源的优势在于可复制、可存储、可传输，并且能够提供高质量的视听效果，方便用户进行学习、研究和娱乐。

（2）全球访问

数字化图书馆通过互联网实现了资源的全球范围内访问。用户无论身处何地，只要有网络连接，就可以随时随地获取所需的信息资源。这打破了时空限制，使得知识的获取更加自由和便捷。全球访问的特点也促进了信息资源的共享和交流，有利于促进全球范围内的学术合作和文化交流。

（3）多样化的资源形式

数字化图书馆不仅包括传统的文字文献，还可以包含图片、音频、视频等多种形式的数字资源。用户可以在数字化图书馆中找到各种类型的资源，满足不同用户的需求。例如，学生可以通过观看教学视频、听取录音讲座来加深理解，艺术爱好者可以欣赏数字化的艺术品和文化遗产。这种多样化的资源形式提供了更丰富的学习和娱乐方式，丰富了用户的阅读体验。

（4）检索和访问便捷性

数字化图书馆通过搜索引擎和用户界面的优化，使用户可以快速准确地检索和访问所需的资源。用户可以通过关键词搜索、分类浏览、主题导航等方式找到感兴趣的资源，并且能够进行全文检索和高级检索。同时，数字化图书馆提供了方便的在线阅读和下载功能，用户可以根据个人需求选择在线浏览或离线保存，提高了资源的利用效率和便利性。

（5）可持续性和长期保存

数字化图书馆采用合适的数字存储和管理技术，以确保数字资源的长期保存和可持续访问。数字化资源的保存不受时间和空间的限制，不会受到自然灾害和物理损坏的影响。数字化图书馆采用数据备份、冗余存储和数字鉴定等措施，保障资源的安全性和可靠性，确保资源能够长期保存并随时提供给用户访问。

（6）可扩展性

数字化图书馆可以根据需求进行扩展和更新，随着时间的推移不断增加新的资源和功能。随着科技的进步和信息的更新，数字化图书馆可以逐步引入新的技术和资源，不断丰富和拓展其服务内容。例如，引入人工智能技术提供智能化的推荐服务，整合社交媒体和协作工具，提供用户参与和互动的平台等。数字化图书馆的可扩展性使其能够不断适应用户的需求和技术的发展。

以上特点使得数字化图书馆成为信息社会中重要的知识资源和学习工具，为用户提供了丰富多样的资源和便捷的服务，促进了知识的传播和共享。数字化图书馆的发展将继续推动图书馆服务的创新和变革，为读者提供更加优质的数字化服务体验。

3.1.3　数字化图书馆建设的现状分析

通过数字化技术的应用，数字化图书馆能够更好地保存、管理和传播知识，为用户提供更便捷、多样化的信息服务，实现了信息资源的广泛共享和利用。数字化图书馆作为一种新型的知识传播平台和机构，在满足读者个性化需求方面是未来发展的主要方向。为了提升图书馆的服务功能，加强知识提供的保障能力，并在“十四五规划”期间进一步提高图书馆的服务水平，发挥公众知识服务的引领作用，科学规划和提前布局是必要的。为了实现对数字资源的科学有效管理，并不断提高对读者个性化需求的服务能力，数字化图书馆需要适应时代发展和需求变化，不断追求创新与发展，与读者良性互动。

数字化图书馆作为信息化时代知识信息资源的主要节点，受到国内外许多学校的高度重视。这些学校投入了大量资金来支持数字化图书馆的建设，取得了一系列有价值的成果。全球范围内数字化图书馆的数量也越来越多，为知识传播和文化交流做出了重要贡献。同时，许多商业公司也积极参与数字化图书馆的建设。在国内，超星公司已经拥有超过百万册中文图书的数字资源，并提供全天候的在线阅读服务。方正图书与全国多家出版社合作，整合了超过十万册书籍进行数字化处理。数字内容提供商不断扩展可提供数字资源的种类，不仅包括图书、报纸和杂志，还包括所有可数字化的信息资源。它们通过对资源进行预处理，利用数据分析和挖掘算法发现知识，从而进行知识转化应用，将个性化知识服务成果提供给读者，提高读者的满意度。

经过不断发展，数字化图书馆模式已从最初的“大规模数字化”逐渐转向“强调智能，突出服务特色”的方向。近年来，受益于国家大数据战略的快速发展，数字化图书馆能够为智能化、个性化服务提供技术支持，取得了显著成效。数字化图书馆紧密围绕以人为本的知识服务目标，利用信息化技术手段实现了资源整合、单点登录、关键字检索、智能检索和模糊查询等功能，为用户提供多种便捷使用数字资源的途径。它将现代信息技术与历史文化内容紧密结合，形成符合时代特征的现代图书馆服务模式。

当前，数字化图书馆建设水平已成为评价地区图书馆信息化水平的重要指标之一。数字化图书馆与信息技术、互联网的紧密结合成为时代的必然要求和发展需求。全国有条件的地区都在大力开展数字化图书馆建设，不断扩大馆藏的数字资源数量，拓宽信息资源的渠道，加快建设数字化图书馆。在数字化图书馆的发展过程中，虽然取得了显著的进展，但仍然面临一些问题需要解决。以下是数字化图书馆发展中常见的 5 个问题。

（1）数字资源的质量和可靠性

数字化图书馆需要保证数字资源的质量和可靠性。这包括确保数字化资源的准确性、完整性和可信度。有时候，数字化资源可能存在扫描或转换错误，导致内容的错误或遗漏。因此，数字化图书馆需要加强质量控制和审核机制，确保数字资源的准确性和可靠性。

（2）著作权和版权问题

数字化图书馆在数字资源的收集和使用过程中，必须遵守著作权和版权法律法规。这包括获取合法授权、保护知识产权和遵守合理使用原则等。数字化图书馆需要与版权持有者和相关机构建立合作关系，获取数字资源的合法授权，并制定相应的政策和措施保护知识产权。

（3）技术标准和互操作性

数字化图书馆涉及多种技术和系统，需要确保不同系统和平台之间的互操作性。这包括数据格式、元数据标准、检索系统和接口等方面的统一和兼容性。数字化图书馆需要采用通用的技术标准和协议，以便数字资源的共享和交流。

（4）用户培训和参与

数字化图书馆需要提供适当的用户培训，使用户能够充分利用数字化图书馆的资源和服务。同时，数字化图书馆也需要积极引导用户参与数字资源的创建和共享，促进用户的创新和互动。用户培训和参与是数字化图书馆发展的重要环节，需要加强相关工作和推广。

（5）持续投入和可持续发展

数字化图书馆的建设和运行需要持续的投入和支持。这包括硬件设备的更新和维护、软件系统的升级和维护、数字资源的更新和采购等方面的经费和资源保障。数字化图书馆需要制定可持续发展的策略和规划，确保长期运行和发展。

综上所述，数字化图书馆在发展过程中需要解决资源质量、著作权问题、技术标准、用户培训、可持续发展等方面的问题。通过加强管理和合作，制定有效的政策和措施，数字化图书馆可以逐步克服这些问题，提供更加优质和可持续的数字化服务。

3.1.4 数字化图书馆的建设方案

要解决数字化图书馆面临的问题，可以考虑以下建设方案。

（1）加强合作与资源共享

数字化图书馆可以与其他图书馆、机构、出版商等建立合作伙伴关系，共享数字资源和知识产权，避免重复建设和版权纠纷。通过合作，可以扩大数字资源的规模和多样性，提供更丰富的服务。

（2）提高数字资源质量

建设数字化图书馆需要建立严格的质量控制机制，包括对数字资源的采集、处理、存储和检索等环节进行质量监控和审核。通过严格的质量管理，可以提高数字资源的准确性、完整性和可信度。

（3）遵守版权法律法规

数字化图书馆应积极与版权持有者合作，获取数字资源的合法授权，并遵守著作权和版权法律法规。建设数字化图书馆需要建立版权管理机制，制定相应的政策和措施，保护知识产权，合法使用数字资源。

（4）推动技术标准与互操作性

数字化图书馆应采用通用的技术标准和协议，确保不同系统和平台之间的互操作性。这包括统一的数据格式、元数据标准、检索系统和接口等，以便数字资源的共享和交流。同时，数字化图书馆可以积极参与相关标准的制定和推广，促进行业的技术发展和合作。

（5）加强用户培训和参与

数字化图书馆应提供针对用户的培训和指导，使用户能够熟练使用数字化图书馆的资源和服务。同时，数字化图书馆可以鼓励用户参与数字资源的创建、共享和评价，提供用户反馈机制，促进用户的创新和互动。

（6）确保持续投入和可持续发展

数字化图书馆的建设和运营需要持续的投入和支持。图书馆可以通过多种渠道争取经费，如政府资助、社会捐赠、合作伙伴支持等。同时，数字化图书馆需要制定可持续发展的规划和策略，合理管理资源，确保长期运行和发展。

通过以上建设措施，数字化图书馆可以克服问题，提供高质量、可持续的数字化服务，满足用户的需求，并推动数字化图书馆事业的健康发展。

3.1.5 数字化图书馆的建设模式

数字化图书馆的建设方式可以根据实际情况和需求采取不同的方法和策略。以下是 5 种常见的数字化图书馆建设方式。

（1）自建模式

图书馆自行建设数字化图书馆，包括采集、数字化处理、资源存储和管理等环节。这种方式可以根据馆藏资源和技术条件，自主选择合适的硬件设备和软件系统，建立数字化图书馆平台。

（2）合作建设模式

图书馆与其他机构、图书馆或数字资源供应商等合作，共同建设数字化图书馆。合作可以包括资源共享、技术共建、人才培养等方面，通过资源的共享与整合，提高数字化图书馆的效益和可持续性。

（3）外包模式

图书馆将数字化图书馆的建设和运营任务外包给专业的服务提供商。外包模式可以降低图书馆自身的技术和管理压力，利用专业机构的资源和经验，快速建设和运营数字化图书馆。

（4）开放合作模式

图书馆采用开放的理念和合作的方式，与社区、用户和其他利益相关方合作建设数字化图书馆。通过开放数据和接口，鼓励用户参与资源的创建和共享，促进数字化图书馆的发展和创新。

（5）混合模式

数字化图书馆的建设可以采用多种方式的组合，根据实际需求和资源情况灵活选择。例如，自建与合作相结合，自主开发与外购软件相结合，以及内部资源和外部资源的融合等。

无论采用哪种建设方式，数字化图书馆的建设需要充分考虑资源整合、技术支持、用户需求等方面的因素。同时，建设过程中需要注重规划、管理和评估，确保数字化图书馆能够实现预期目标，并为用户提供优质的服务和资源。

3.1.6 数字化图书馆建设的技术支持

数字化图书馆的建设和运行依赖于多种技术支持，以下是 6 个关键的技术支持领域。

（1）数字资源管理技术

包括数字化资源的采集、存储、处理和管理等方面的技术。这些技术涉及扫描、图像处理、文本转换、元数据标注、数字存储和归档等，以确保数字化资源的质量和可持续性。

（2）数据库技术

数字化图书馆需要建立适当的数据库系统来管理和组织数字化资源的元数据和索引信息。数据库技术能够高效地存储和检索大量的数据，提供快速准确地搜索和访问功能。

（3）检索和搜索技术

数字化图书馆需要提供强大的检索和搜索功能，使用户能够快速定位所需的资源。这包括利用索引技术、关键词搜索、全文搜索以及语义搜索等技术手段，提供准确、高效的资源检索和访问服务。

（4）元数据标准和描述技术

数字化图书馆需要采用适当的元数据标准和描述技术，对数字资源进行详细的描述和分类。常用的标准包括 Dublin Core、MARC 等，通过元数据的标注和管理，提供精确的资源描述和检索。

（5）用户界面和交互设计技术

数字化图书馆的用户界面需要友好、直观，提供便捷的浏览、搜索和访问功能。交互设计技术可以帮助优化用户体验，包括界面布局、导航设计、搜索结果展示等，提供用户友好的操作界面。

（6）网络技术和安全保障技术

数字化图书馆需要依托互联网和网络技术，提供全球范围内的访问服务。网络技术涉及网络架构、互联网接入、数据传输等方面的技术，同时还需要采取安全保障措施，保护用户隐私和数字资源的安全性。

除了上述技术支持领域，数字化图书馆的建设还需要考虑硬件设备的选择和配置、网络带宽的保障、系统集成与互操作性等方面的技术支持。综合利用各种技术手段，数字化图书馆可以实现高效的资源管理、便捷的信息检索和全球范围内的访问服务，为用户提供丰富的数字资源和优质的用户体验。

3.1.7 数字化图书馆建设的可行性分析

数字化图书馆建设的可行性分析是评估和确定建设数字化图书馆项目的可行性和可实施性的过程。以下是进行可行性分析时需要考虑的 5 个关键因素。

（1）技术可行性

评估所需的技术是否成熟、可靠并且能够满足项目需求。包括硬件设备、软件系统、网络基础设施等方面的技术可行性。

（2）经济可行性

评估项目的经济成本和效益，包括建设和运营成本以及项目带来的经济回报。考虑资金来源、投资回报率、成本效益分析等经济因素。

（3）用户需求和市场可行性

分析目标用户对数字化图书馆的需求和接受程度，评估市场潜力和竞争情况。了解用户群体、需求特点、使用习惯等，确保数字化图书馆能够满足用户的期望和需求。

（4）法律和政策可行性

评估数字化图书馆建设是否符合相关法律法规和政策要求。包括版权保护、隐私保护、信息安全等方面的合规性。

（5）组织支持和资源可行性

评估组织机构的支持程度和资源配备情况，包括人力资源、技术支持、管理支持等。确保有足够的人力和资源支持数字化图书馆的建设和运营。

在可行性分析的过程中，需要综合考虑以上因素，并制定相应的评估指标和方法。通过分析和比较各个方面的可行性，可以评估项目的可行性，并确定是否继续推进数字化图书馆建设。同时，还需要注意可行性分析的动态性，随着技术、市场和环境的变化，及时进行更新和调整，保持数字化图书馆建设的可行性和可持续性。

3.2 数字化图书馆建设典型案例分析

3.2.1 澳大利亚国家图书馆数字化建设

(1) 基本情况

澳大利亚国家图书馆（National Library of Australia）是澳大利亚最重要的图书馆之一，也是国家级的图书馆和研究机构。澳大利亚国家图书馆成立于1961年，位于澳大利亚首都堪培拉。作为澳大利亚国家级的图书馆，它承担着收集、保存和传播澳大利亚以及全球重要文献资料的重任。图书馆的馆藏包括书籍、报纸、期刊、地图、音频、视频、图片等多种类型的资源，涵盖了广泛的学科领域和主题。澳大利亚国家图书馆的使命是为澳大利亚人民提供广泛的文化和信息资源，支持学术研究、教育、文化交流和社会发展。它致力于收集、保存和提供有关澳大利亚历史、文化、社会和环境的重要文献资料，以促进知识的创造和传播。澳大利亚国家图书馆提供多种服务，旨在满足各类用户的需求。

1）馆藏资源

图书馆拥有庞大的馆藏资源，包括澳大利亚和国际出版物、研究报告、政府文件、地图、音频和视频等。这些资源可以通过图书馆的线上目录进行检索和借阅。

2）数字化资源

图书馆积极进行数字化建设，将馆藏的重要文献和文化遗产数字化，以提供在线访问和利用。数字化资源包括数字图书馆、电子期刊、数字化档案、在线数据库等。

3）研究支持

澳大利亚国家图书馆为学术研究人员、学生和专业人士提供支持。它提供研究指南、参考咨询、文献传递服务等，帮助用户获取所需的研究素材和信息资源。

4）教育和文化活动

图书馆组织各类教育和文化活动，包括讲座、展览、工作坊、研讨会等，旨在促进文化交流、知识共享和学习。

5）文化遗产保护

作为澳大利亚文化遗产的守护者，澳大利亚国家图书馆致力于文化遗产的保护、保存和传承。它与其他机构合作，进行文献数字化项目、档案管理和保护工作，以确保澳大利亚重要的文化遗产得到妥善保存和利用。

通过数字化图书馆建设和丰富的服务，澳大利亚国家图书馆在满足用户需求、推动学术研究和文化发展方面取得了显著成果。它不仅是澳大利亚国内的重要知识资源中心，也在国际上享有盛誉，为世界各地的研究人员、学者和文化爱好者提供了宝贵的资源和支持。

（2）数字化建设方案

为了实现更广泛的访问和保护这些宝贵的文化遗产，澳大利亚国家图书馆启动了数字化建设项目。

1）数字化策略

澳大利亚国家图书馆制定了全面的数字化策略，明确了数字化建设的目标和优先事项。该策略包括资源选择、数字化流程、版权管理、数字存储等方面的具体规划。

2）资源选择

图书馆根据馆藏的特点和需求，制定了资源选择的策略。重点数字化的资源包括澳大利亚历史文献、地方刊物、地图、音频和视频等。这些资源具有重要的历史和文化价值，数字化后可供广大用户访问和研究。

3）数字化流程

澳大利亚国家图书馆建立了一套完善的数字化流程，包括扫描、图像处理、元数据标注等环节。他们使用高性能的数字化设备和图像处理软件，确保数字化质量和准确性。

4）版权管理

考虑到资源的版权问题，澳大利亚国家图书馆与版权持有者合作，确保数字资源的合法使用。他们制定了版权管理政策和许可协议，平衡了版权保护和信息开放的需求。

5）数字存储和访问平台

澳大利亚国家图书馆建立了先进的数字存储和访问平台，以支持数字化资源的存储、管理和访问。用户可以通过图书馆的网站或在线目录进行搜索和浏览，并提供下载或在线阅读的选项。

（3）数字化建设取得的成果

澳大利亚国家图书馆的数字化建设取得了显著的成果。

1）数字化资源丰富

通过数字化建设，澳大利亚国家图书馆的数字化资源数量大幅增加，涵盖了澳大利亚丰富的历史文化遗产。

2）全球访问

数字化资源的在线访问使得用户无论身在何处，都可以方便地获取和利用图书馆的资源。

3）学术研究支持

数字化资源为学者和研究人员提供了重要的研究素材，促进了学术研究和知识创新的发展。

4）教育和文化推广

数字化资源的开放访问促进了教育和文化推广活动，使得更多人可以深入了解澳大利亚的历史、文化和社会发展。

3.2.2　国内图书馆数字化建设

（1）提升智慧化服务能力：图书馆的数字化创新

为了进一步提升服务质量，部分国内图书馆充分运用现代信息技术，积极借助新馆建设机遇，将满足读者需求作为核心目标，推出了一系列公共文化数字创新服务。这些服务旨在将图书馆打造成国内智慧图书馆的楷模。国内图书馆的创新服务包括以下 5 个方面。

1）数字化服务平台

图书馆大数据平台是一个高度先进的工具，它的核心作用不仅是帮助图书馆更好地管理和分析数据，还包括许多其他关键功能。它能够集成各种来源的数据，包括借阅记录、读者行为、书目信息等等，将它们汇总成一个全面的数据集。通过对这些数据进行深入分析，图书馆可以更好地了解读者的阅读兴趣、借书习惯和需求趋势。这不仅有助于图书馆更精准地购买新书，还可以制定个性化的服务策略，例如推出专门的阅读活动或增加特定领域的藏书。此外，该平台还能够优化资源分配，确保图书馆能够更高效地提供服务，满足不同读者群体的需求。

2）智能化服务

图书馆服务数据智慧墙是图书馆的一项创新性举措，其设计旨在将读者服务信息可视化呈现。这意味着读者可以通过触摸屏或应用程序轻松地访问各种服务，如查找书籍、了解图书馆活动、查询图书馆地图等。这一互动式的界面不仅提供了便捷的信息获取方式，还可以通过推荐功能向读者展示与其兴趣相关的书籍和资源。此外，数据智慧墙还能够实时反馈读者使用信息，帮助图书馆不断改进和优化服务。通过这种方式，图书馆变得更加亲近和便捷，满足了不同年龄和背景的读者需求。

3）便捷的借还流程

智能分拣服务是一项革命性的技术，它彻底改善了图书馆的借还书流程。这项服务利用自动化系统和智能机器，能够快速、准确地分类、分拣和上架图书。这对于解决高峰时段的借还书需求尤为关键。在以往，读者可能需要在繁忙的时间等待较长时间，现在则可以几乎立刻完成借还书的操作。这不仅提高了服务效率，还让读者更有时间专注于他们的阅读和学习。智能分拣服务也有助于减少人为错误，确保每本书都能迅速归还到正确的位置，使图书馆的资源更容易被访问和利用。

4）智能推荐和阅读环境

智能推荐服务是通过分析读者的阅读历史和兴趣来为他们提供个性化

的图书推荐。这一功能不仅有助于读者发现新的书籍和作者，还能够提高他们的阅读满足感。当读者在图书馆的网站或应用程序上浏览时，系统会根据他们的兴趣自动推荐相关书籍。这种个性化的推荐不仅促进了多样化的阅读体验，还有助于读者更好地利用图书馆的资源。

舒适的智慧阅读空间也是为了提升阅读体验而设计的。这些空间通常配备了舒适的座椅、自然光线和宁静的环境，让读者可以专注于阅读。一些图书馆还可能提供咖啡厅、独立学习区域和电子设备充电站，以满足不同读者的需求。这些创新的阅读空间鼓励了阅读的习惯，为读者提供了一个愉快和有益的学习环境。

5）零接触的借还体验

“无接触借还”智慧流通服务是一项革命性的服务，将图书馆的借还流程带入了数字时代。这一核心服务使读者能够在进馆借书、出馆还书时完全零接触。通过使用自助借还设备，读者可以自行完成这些操作，无需与图书馆工作人员进行实际的交互。这不仅提高了服务效率，还增加了读者的便利性和安全性。此外，这项服务还有助于减少等待时间，让读者更快地获得所需的书籍，从而提高了他们的满意度和忠诚度。这种零接触的借还体验已经成为现代图书馆服务的不可或缺的一部分，为读者提供了更加便捷的访问图书馆资源的途径。

（2）解决挑战：平衡服务需求与创新能力

然而，随着科技不断进步，图书馆也面临着一些挑战。其中之一是如何平衡不断增长的公共文化服务需求与有限的创新能力。这些挑战包括错置的图书导致读者难以找到所需书籍，以及高峰时段借还书服务效率低下等问题。为了解决这些问题，图书馆采取了一系列措施，着重解决制约公共数字文化服务高质量发展的矛盾。具体措施包括以下 5 个方面。

1）服务时间延长

为了更好地满足广大读者的需求，图书馆实施了夜间延长服务时间的政策。这一政策的目标是确保图书馆在不同时间段都能对读者开放。夜间服务时间延长意味着读者可以在更加灵活的时间内使用图书馆的资源和设施，无论是白天还是夜晚。这对于那些在白天工作或学习的读者来说尤为重要。通过延长服务时间，图书馆成为了一个更加包容和便利的学习和阅读场所，推动了知识的传播和学习的持续发展。

2）融合前沿科技

图书馆积极融合前沿科技，不仅改变了图书馆的面貌，还提升了服务的质量和便捷性。除了之前提到的图书馆大数据平台、数据智慧墙、智能分拣服务和无接触的智慧流通服务，还有一系列其他创新服务。例如，智能书架服务使用智能技术，为读者提供了准确的图书定位服务，帮助他们更快速地找到所需的书籍。基于5G技术的图书馆空间网络服务则提供更稳定、更快速的无线网络连接，满足了读者对数字资源的高速访问需求。这些技术的融合不仅提高了图书馆的效率，还创造了更便捷、更智能的服务体验。

3）提高借还效率

为了应对高峰时段的借还书需求，图书馆引入了一个创新的“无接触借还”智慧流通系统。这一系统采用了多种先进技术，包括红外光幕技术，能够在读者出馆时自动识别借走的书籍，并将它们从读者账户中注销。同时，面部生物识别技术确保了读者身份的准确，而RFID无线射频识别技术则用于跟踪图书位置。这一系统的集成使得读者无需排队或与工作人员互动，即可快速借书和还书，提高了服务效率，减少了等待时间，使图书馆体验更加高效和便捷。

4）智能书架提供定位服务

为解决读者常常遇到的书籍错置问题，图书馆安装了智能书架。这些智能书架不仅可以容纳大量书籍，还配备了先进的定位技术，可以帮助读者准确地找到他们所需的书籍。读者可以使用图书馆的移动应用程序或终端设备，输入书名或关键词，然后智能书架将为他们提供准确的书籍位置，使查找图书变得更加简单和迅速。这一创新解决了常见的阅读难题，提高了读者的满意度。

5）数据可视化展示

为了更好地展示图书馆的资源和服务数据，图书馆采用了数据可视化技术，将各项关键数据以图形和图表的形式呈现在大屏幕上。这些数据包括图书馆的馆藏总量、新书推荐、读者入馆人数、读者用户画像、入馆趋势、区域客流统计数据以及图书流通数据等。这种可视化展示不仅提高了数据的可见性，还使读者更容易理解图书馆的资源和服务情况。同时，它也强调了图书馆在数字文化服务领域的领导地位，为公众提供了直观、透明的信息，促进了对图书馆的积极参与和支持。

（3）智慧图书馆：融合新一代技术的数字化创新

在数字时代，图书馆不再是传统的书籍仓库，而是智慧化服务的典范。图书馆以“无感借还”为核心体验，利用新一代信息技术推动智慧化服务的创新，实现公共文化事业的数字化发展，具体包括以下 4 个方面。

1）融合多种新技术：5G、大数据、云计算等

图书馆可谓是科技与文化的完美融合。它成功地融合了多种新一代信息技术，包括 5G、大数据、云计算、物联网、人工智能、虚拟现实、人脸识别等。这些技术不仅单独发挥了各自的优势，还通过互联互通的方式创造了全新的智慧化服务模式。5G 网络提供了高速、低延迟的连接，使读者可以更快速地获取数字资源。大数据和云计算则为图书馆提供了更好

的数据管理和分析工具，从而更好地满足读者需求。物联网技术将各种设备连接在一起，创造了智能化的馆内环境。人工智能和虚拟现实技术丰富了图书馆的数字资源和互动体验。人脸识别技术提高了安全性和便捷性。这种融合不仅使图书馆更加现代化，还为读者提供了更为便捷、智慧的服务体验。

2）创新的“无感借还”智慧流通服务

图书馆的“无感借还”智慧流通服务堪称借阅服务的一次革命性升级。这项服务的核心创新在于将多种先进技术整合到了借还书流程中，以提供高效、便捷、智慧的服务。红外光幕技术用于检测书籍的入库和出库，实现了“入馆即还书，出馆即借书”的即时借阅。人脸识别技术保障了读者的身份安全，无需繁琐的身份验证手续。RFID 技术则用于跟踪书籍位置，确保它们能够准确地入库和上架。这一服务不仅减少了借还书的等待时间，还改变了传统借阅方式，为读者提供了更为便利的图书借阅体验，让他们能够更专注于阅读和学习。

3）智能书架的创新服务

引入智能书架智慧服务是为了更好地满足读者对图书资源的需求。这项服务利用了 RFID 技术、天线阵列和物联网技术，为读者提供了一种全新的图书检索和定位方式。读者只需在移动应用程序上输入书名或关键词，智能书架就能帮助他们准确定位所需书籍的位置。这不仅改变了传统的图书检索方式，还极大地提高了读者获取图书资源的准确性和便捷性。这项创新服务还有助于改进图书馆的资源管理，确保书籍能够准确无误地归位，从而保持图书馆资源的有序性和可用性。

4）数字化发展的显著成果

通过推行智慧化服务，图书馆在数字化发展方面取得了显著的成果。首先，它为读者提供了更为智慧、便捷的图书借阅体验，将图书馆提升为一个现代化的文化和学习中心。其次，这家图书馆的数字化服务模式为公共文化事业的发展注入了新的活力，吸引了更多读者参与和利用图书馆的资源和服务。最重要的是，这家智慧图书馆已经成为数字时代的文化重要中心，为读者提供了丰富的数字资源和服务，推动了公共文化事业的数字化发展，促进了知识的传播和学习的进步。这一成果表明，科技和文化可以相互融合，为社会带来更大的价值。

（以上资料来源：数字化创新实践案例 | 数“智”赋能图书馆 打造城市“悦读新空间” - 文旅中国 (ccmapp.cn)）

第 4 章　大数据在图书馆个性化服务中的应用

4.1　大数据的概念与应用

大数据已经成为国家基础性资源，并被提升为国家战略，加快大数据的部署和深化应用对于提高经济社会运行效率至关重要。国家高度重视大数据的发展和应用，2015 年，国务院发布了《促进大数据发展行动纲要》，系统地规划了大数据发展工作。该纲要明确指出：“在当今信息技术已经覆盖社会各个领域的背景下，数据已成为国家基础性战略资源，大数据正逐渐对全球生产、流通、分配、消费以及国家治理能力产生重要影响。”

在公共文化服务领域，大数据的应用不仅能够为公众提供精确的服务，还能通过其强大的关联、分析和预测功能来描绘社会个体和群体的画像，预测事物发展的趋势。通过对大数据的深度挖掘和分析，图书馆可以更好地了解读者的兴趣爱好、阅读偏好和信息需求，进而提供个性化的文化服务。同时，大数据还能够帮助图书馆进行资源规划和管理，优化馆藏结构，提高资源利用效率，以及通过对读者行为的分析来改进服务和决策。

通过大数据的应用，图书馆可以更准确地了解读者的需求，为其提供更精准的推荐书目、定制化的阅读推送和个性化的服务体验。大数据还可以帮助图书馆了解社会的文化需求和趋势，为公众提供符合时代潮流和个人兴趣的文化产品和服务。此外，大数据还能够辅助图书馆进行文献资源的数字化整理和管理，提高资源的可访问性和利用效率。

4.1.1 认识大数据

大数据（Big Data）是指由传统数据管理工具难以处理的大规模、高速生成、多样化的数据集合。它具有三个主要特征，通常被称为“3 V”：大量（Volume）、多样（Variety）和高速（Velocity）。除了这三个特征外，还有其他一些“V”被提出，如价值（Value）、真实性（Veracity）、变异性（Variability）、可视化（Visualization）等，以进一步描述和分析大数据的特点。

1）大量（Volume）

大数据以海量的形式存在，它的规模通常远超传统数据库处理能力的范围。大数据可以来自各种来源，如传感器、社交媒体、互联网交易、移动设备等。这些数据以 TB（万亿字节）、PB（千万亿字节）、EB（百亿亿字节）甚至更大的规模进行存储和处理。

2）**多样**（Variety）

大数据不仅涵盖了结构化数据（如关系型数据库中的表格数据），还包括非结构化数据（如文本、图像、音频、视频等）和半结构化数据（如日志文件、传感器数据等）。这些数据以各种格式存在，包括文本、图像、音频、视频、地理空间数据等。

3）**高速**（Velocity）

大数据的生成速度非常快，数据以高速率不断产生。例如，社交媒体平台每秒钟产生大量的消息和更新，传感器网络实时收集环境数据，金融交易以微秒级的速度进行处理等。快速处理和分析这些数据对于实时决策和即时反馈至关重要。

4）**价值**（Value）

大数据蕴含着巨大的潜在价值，通过深入挖掘和分析，可以揭示隐藏的模式、趋势和见解，为企业、组织和政府等提供更准确的决策依据。

5）**真实性**（Veracity）

大数据的真实性是指数据的准确性、可信度和完整性。由于数据的多样性和来源的广泛性，确保大数据的真实性对于保证分析和决策的准确性至关重要。

6）**变异性**（Variability）

大数据的变异性指的是数据的不确定性和变化性。大数据往往是动态变化的，具有不同的特点和属性，需要灵活的处理方法和工具。

7）**可视化**（Visualization）

大数据通过可视化技术可以以更直观的方式展示和传达信息。可视化可以帮助人们更好地理解和发现数据中的模式、关联和趋势。

大数据的概念和应用范围涉及多个学科领域，如计算机科学、统计学、数据挖掘、机器学习等。它已经在许多领域产生了广泛的影响和应用，包括商业、金融、医疗保健、社交媒体、交通运输、能源管理、环境保护等。通过对大数据的收集、存储、处理和分析，人们可以获取更深入的洞察和智能决策，为社会和经济发展提供新的机遇和挑战。

大数据的发展历程可以追溯到 20 世纪 50 年代以来的计算机和信息技术的发展。以下是大数据发展的主要里程碑。

4.1.2　大数据的发展历程

（1）数据化时代的开始（20 世纪 50 至 80 年代）

计算机的出现和普及为数据的收集、存储和处理奠定了基础。在这一时期，数据主要是结构化的，由组织和企业内部的事务数据和运营数据组成。

（2）数据仓库和商业智能（20 世纪 90 年代）

随着企业数据量的不断增长，数据仓库技术应运而生。数据仓库是指将来自不同源头的数据集中存储起来，用于分析和决策支持。商业智能工具的发展使得企业能够从数据中提取有价值的信息和洞察。

（3）互联网时代的数据爆炸（21 世纪初）

随着互联网的普及和社交媒体的兴起，数据量呈指数级增长。网站、电子邮件、社交媒体、移动应用等产生了大量的非结构化数据，如文本、图像、视频和日志数据。

（4）大数据的提出和技术突破（21 世纪 10 年代）

2010 年，麻省理工学院的教授埃里克·布里亚斯（Eric Brynjolfsson）和安德鲁·麦卡菲（Andrew McAfee）在其著作《大数据时代》中首次提出了大数据的概念。随后，大数据开始引起广泛关注，并成为研究和应用的热点。同时，云计算、分布式存储、并行计算、机器学习和人工智能等技术的快速发展为大数据的处理和分析提供了支持。

（5）大数据应用的蓬勃发展（21 世纪 10 年代至今）

大数据应用范围的不断扩大，涵盖了商业、金融、医疗保健、社交媒体、能源管理、交通运输等多个领域。大数据分析和挖掘技术被广泛应用于预测、个性化推荐、市场营销、风险管理、智慧城市建设等领域。同时，大数据的隐私和安全问题也引起了关注，并促使相关法律法规的制定。

国内外相关理论研究成果方面，国际上许多大学、研究机构和企业都积极从事大数据的研究和创新应用。例如，谷歌的 PageRank 算法、亚马逊的个性化推荐系统、Facebook 的社交网络分析等都是大数据领域的重要研究成果。在国内，中国的互联网巨头阿里巴巴、百度和腾讯也在大数据领域进行了大量的研究和应用实践。此外，国内的高校、科研院所和企业也在大数据相关的领域进行了一系列的研究工作，推动了大数据理论和技术的发展。

4.1.3　大数据时代传统图书馆的机遇与挑战

在大数据时代，传统图书馆面临着一系列的机遇和挑战。

（1）机遇

1）数据驱动的个性化服务

大数据技术使得图书馆能够收集、分析和利用读者的数据，从而提供个性化的图书推荐、阅读指导和信息服务。通过深入了解读者需求和兴趣，图书馆能够更准确地满足读者的需求，提供定制化的服务，提高用户满意度和使用体验。

2）数据挖掘与知识发现

大数据技术使得图书馆能够挖掘和分析海量的图书馆数据，发现潜在的知识和信息。通过对大数据的分析，图书馆可以发现读者的阅读趋势、热门话题、新兴领域等，从而指导图书馆的采购和馆藏管理，提供更有针对性的图书和资源。

3）跨界合作与创新服务

大数据时代促进了图书馆与其他领域的合作，如与学校、科研机构、企业等进行数据共享和合作，以提供更丰富的信息资源和服务。同时，图书馆可以借助大数据技术创新服务模式，如虚拟现实技术、增强现实技术等，提供更多样化、互动性强的服务体验。

（2）挑战

1）数据管理与隐私保护

大数据时代，图书馆需要面对海量的数据管理和隐私保护的挑战。如何高效地存储、处理和分析大数据，同时确保读者的数据隐私和信息安全，是一个重要的挑战。

2）技术和人才需求

大数据时代，图书馆需要具备相应的技术和人才来应对数据分析、数据挖掘和数据管理等方面的需求。图书馆需要加强培训和招聘，提高技术人员和图书馆员的数据素养和技能。

3）变革与转型

大数据时代对传统图书馆提出了变革和转型的要求。传统图书馆需要转变角色，从仅提供图书馆藏的场所，转向为读者提供更广泛的信息服务和知识管理。这需要图书馆进行组织架构和服务模式的调整与创新。

总之，大数据时代为传统图书馆带来了前所未有的机遇和挑战。通过充分利用大数据技术和资源，图书馆能够提供更个性化、精准的服务，提高用户满意度和图书馆的影响力。然而，图书馆也需要应对数据管理、隐私保护、技术需求和转型等方面的挑战，以适应大数据时代的发展趋势。

4.1.4　大数据技术在公共图书馆的应用

大数据技术在公共图书馆的应用可以涵盖以下方面。

（1）馆藏管理与资源优化

通过大数据分析，图书馆可以对馆藏资源进行管理和优化。大数据技术可以帮助图书馆进行馆藏数据的整合、清洗和分类，提高资源的组织和检索效率。同时，通过对读者借阅数据和馆藏数据的分析，图书馆可以进行智能化的采购决策，确保图书馆的馆藏资源与读者需求相匹配。

（2）个性化服务与图书推荐

大数据技术可以帮助图书馆实现个性化的服务和图书推荐。通过对读者的借阅历史、阅读兴趣和行为模式进行分析，图书馆可以向读者提供个性化的图书推荐和阅读建议，提升读者的阅读体验和满意度。大数据还可以帮助图书馆了解读者的需求和偏好，为其提供定制化的文化活动和服务。

（3）用户行为分析与预测

通过对读者的行为数据进行分析，图书馆可以获取深入的用户洞察。大数据技术可以帮助图书馆了解读者的阅读习惯、偏好和行为模式，预测读者的需求和行为趋势。这些数据分析结果可以为图书馆提供决策支持，优化资源配置、活动策划和服务设计。

（4）数据驱动的决策与规划

大数据技术可以帮助图书馆进行数据驱动的决策与规划。通过对读者数据、流通数据和服务数据进行分析，图书馆可以了解读者需求、服务效果和资源利用情况，从而优化图书馆的运营策略和决策过程。大数据还可以帮助图书馆进行预测和模拟，评估各种决策方案的效果和风险，提高决策的准确性和效果。

（5）数据安全与隐私保护

在应用大数据技术的过程中，图书馆需要关注数据安全和隐私保护。图书馆应采取措施确保读者数据的安全存储和传输，合规处理敏感信息，遵守相关的法律法规和隐私政策。图书馆还需要建立健全的数据管理机制，确保数据的合理使用，保障读者的隐私权益。

总之，大数据技术在公共图书馆中可以应用于馆藏管理、个性化服务、用户行为分析、数据驱动决策和数据安全等方面，为图书馆提供更好的服务和运营支持，促进公共图书馆的发展和创新。

4.2　大数据驱动的个性化服务

4.2.1　大数据可以提供全面、准确的读者数据

（1）数据收集与整合

公共图书馆可以通过各种途径收集读者数据，如借阅记录、用户注册信息、问卷调查等。此外，与其他组织、机构的数据合作也可以丰富图书馆的读者数据。通过整合这些数据源，图书馆可以获得更全面的读者

信息。

（2）数据分析与挖掘

利用大数据分析技术，公共图书馆可以对读者数据进行深入挖掘和分析，以发现隐藏在数据中的模式、趋势和关联。通过数据分析，图书馆可以了解读者的阅读偏好、兴趣领域、借阅行为等信息，从而提供更准确的个性化服务。

（3）数据关联与扩展

将图书馆的读者数据与其他相关数据进行关联，可以进一步扩展数据的丰富性和准确性。例如，与学校、社区、社交媒体等进行数据合作，可以获取更多与读者相关的信息，如学习成绩、社交活动、兴趣爱好等，从而更全面地了解读者的需求和行为。

（4）数据隐私与安全保护

在收集和利用读者数据的过程中，公共图书馆需要重视数据隐私和安全保护。确保读者数据的安全存储和传输，采取合适的数据脱敏和隐私保护措施，遵守相关的法律法规和隐私政策，保护读者的个人隐私权益。

（5）数据驱动的决策与服务

通过对读者数据的分析和应用，公共图书馆可以进行数据驱动的决策和服务提供。根据对读者数据的洞察，图书馆可以调整馆藏策略、推荐图书、优化服务流程等，以满足读者的需求和提高服务质量。

综上所述，大数据技术为公共图书馆提供了更多获取、分析和利用读者数据的可能性，通过充分应用大数据技术，公共图书馆可以获得更全面、准确的读者数据，从而提供更精细化、个性化的图书馆服务。

4.2.2　读者画像的构建

（1）个人特征提取

在个性化图书推荐和阅读指导中，构建准确而全面的读者画像是关键的一步。通过对读者个人特征的提取与建模，可以深入了解他们的阅读偏好、兴趣爱好以及阅读习惯等，从而为他们提供更加精准和个性化的服务。

个人特征提取是通过大数据分析和挖掘技术，从海量的读者数据中抽取出与个体特征相关的信息。以下是一些常用的个人特征提取方法。

1）阅读行为分析

通过分析读者的借阅记录、阅读时长、阅读频率等数据，可以推测他们的偏好类型（如小说、历史、科学等）以及阅读频次和阅读深度。

2）用户标签挖掘

基于社交媒体平台和用户评论数据，可以利用文本挖掘技术提取用户标签，如用户自我描述、兴趣关键词等，从而了解读者的个人兴趣和偏好。

3）行为轨迹分析

通过分析读者在图书馆网站或移动应用中的行为轨迹，包括搜索关键词、点击记录、收藏行为等，可以揭示他们的关注领域、搜索偏好和浏览习惯。

4）社交网络分析

通过分析读者在社交网络上的社交关系、互动行为和信息共享情况，可以了解他们的社交圈子和受信任的信息源，从而推测其影响力和阅读偏好。

（2）个人特征建模

个人特征建模是将提取到的个人特征进行整合和建模，以形成具有代表性的读者画像。常用的建模方法包括以下 2 种。

1）用户分类与聚类

根据读者的个人特征，利用聚类算法将读者分为不同的群体或类型，以发现不同群体之间的共性和差异。

2）个性化模型构建

通过机器学习和数据挖掘技术，建立个性化模型，预测读者的兴趣偏好和阅读行为，以实现更准确的个性化推荐和阅读指导。

4.2.3　画像生成与更新策略

画像生成是根据读者个人特征的建模结果，构建出可视化且易于理解的读者画像。画像生成可以采用可视化技术，将读者的特征以图表、标签或其他形式呈现，使得图书馆工作人员能够直观地了解读者的特点和需求。

更新策略是指根据读者数据信息的变化和新的数据信息，对读者画像进行及时的更新和调整。读者的兴趣和需求可能会随着时间和环境的变化而发生变化，因此更新策略的制定十分重要。以下是3个常见的更新策略。

1）实时更新

监控读者的行为数据，如借阅记录、点击记录等，并及时更新读者画像，以保持画像的准确性和时效性。

2）事件驱动更新

针对特定的事件或活动，如读者填写的问卷调查、参加的图书馆活动等，及时更新相关的个人特征和画像信息。

3）反馈机制

建立读者与图书馆之间的双向沟通渠道，鼓励读者提供反馈和意见，并根据反馈信息进行画像的更新和优化。

通过个人特征的提取与建模，以及画像的生成和更新策略的制定，图书馆可以建立准确、全面且动态的读者画像。这将为个性化的图书推荐、阅读指导以及其他个性化服务提供有力支持，提升读者满意度和图书馆服务的质量。

4.2.4　个性化图书推荐

利用大数据分析读者兴趣、阅读行为等信息进行个性化图书推荐，可以实现更精准、更有针对性的服务，满足读者的个性化需求。公共图书馆可以按照下列 8 个步骤开展工作，做好读者的个性化图书推荐工作。

（1）数据收集

收集读者相关数据，包括读者的个人信息、历史借阅记录、阅读行为、兴趣偏好等。这些数据可以通过图书馆系统、用户注册信息、调查问卷等途径获取。

（2）数据清洗和预处理

对收集到的数据进行清洗和预处理，包括去除噪声数据、处理缺失值、标准化数据等，以确保数据的准确性和一致性。

（3）特征提取

根据收集到的数据，提取能够表示读者兴趣和偏好的特征。这些特征可以包括图书的属性、标签、阅读时长、借阅频率等。

（4）构建推荐模型

选择适当的推荐算法和技术，根据读者的特征和图书的信息，构建个性化推荐模型。常见的推荐算法包括协同过滤、内容 -based 推荐、混合推荐等。

（5）模型训练和评估

使用历史数据对推荐模型进行训练，并评估模型的性能和准确度。可以使用交叉验证、A/B 测试等方法来评估推荐模型的效果。

（6）实时推荐和反馈

将推荐模型应用到实际的图书馆系统中，实时地根据读者的行为和反馈生成个性化的图书推荐结果。同时，通过收集读者的反馈信息，不断调整和改进推荐算法和模型。

（7）评估和优化

定期对个性化图书推荐系统进行评估和优化。通过分析推荐结果的准确性和用户满意度，调整算法和模型的参数，提高推荐效果。

（8）用户隐私和数据安全

在实施个性化图书推荐时，需要保护读者的隐私和数据安全。采取相应的措施确保数据的安全性和合规性。

以上是一般的个性化图书推荐的实施步骤，具体实施过程中需要根据实际情况进行调整和优化。同时，团队合作、持续的数据收集和模型优化是实施个性化图书推荐的关键要素。

4.2.5　个性化图书推荐的技术支持

在个性化图书推荐中，推荐算法和技术发挥着关键的作用，为读者提供定制化、精准的推荐服务。以下是 6 个常见的推荐算法。

（1）协同过滤算法

协同过滤是一种基于用户行为和兴趣相似性的推荐方法。它通过分析大量用户的历史行为数据，找到兴趣相似的用户群体，然后根据这些用户的偏好，向目标用户推荐他们可能感兴趣的图书。这种算法可以基于“用户 - 图书评分矩阵”或“用户 - 用户相似度”进行推荐。

（2）内容 -based 推荐算法

内容 -based 推荐算法基于图书的内容特征进行推荐。它分析图书的属性、标签、关键词等信息，根据用户的喜好和历史行为，推荐具有相似特征的图书。这种算法适用于提供个性化推荐，尤其对于新用户或冷门图书有较好的效果。

（3）混合推荐算法

混合推荐算法结合多种推荐方法，以提供更准确、全面的推荐结果。它可以综合利用协同过滤、内容 -based 推荐等算法的优势，通过权衡不同算法的推荐结果，为用户提供更为多样化、个性化的图书推荐。

（4）基于机器学习的推荐模型

机器学习技术在个性化推荐中发挥着重要作用。通过训练模型，可以根据读者的历史行为和特征，预测其对图书的喜好程度，并进行个性化的推荐。常见的机器学习算法包括决策树、支持向量机、神经网络等。

（5）实时推荐与增量更新

随着读者行为的变化，推荐结果也需要实时更新。实时推荐技术能够根据最新的读者行为数据，实时生成和调整推荐结果。这样可以及时反馈读者的兴趣变化，为读者实时提供更加准确的个性化推荐。

（6）强化学习算法

强化学习算法是一种通过试错机制和反馈机制来训练智能计算机做出决策的算法。在个性化图书推荐中，可以使用强化学习算法来优化推荐过程。通过与读者的交互和反馈，算法可以不断学习和调整策略，提供更符合读者偏好的个性化推荐。

以上是一些常见的推荐算法和技术在个性化图书推荐中的应用。结合大数据的分析和挖掘，这些算法和技术能够更好地理解读者的兴趣、阅读行为和偏好，从而为他们提供更具针对性和个性化的图书推荐服务。

4.2.6　个性化推荐系统的架构与实现

（1）个性化推荐系统的构建

推荐系统的构建需要建立一个高效的推荐引擎来实现个性化推荐功能。推荐引擎应具备数据收集、特征提取、推荐模型训练和推荐结果生成等功能。其中，数据收集包括读者行为数据、图书数据的收集和处理；特征提取则是从原始数据中提取出能够表示用户和图书特征的关键信息；推荐模型训练则是利用机器学习和深度学习等技术，训练推荐算法模型；最后，推荐结果生成是根据用户的需求和兴趣，生成个性化的推荐结果。

（2）用户界面设计与体验优化

个性化推荐系统的用户界面设计和体验优化也十分关键。图书馆应该设计直观、易用的界面，让用户能够方便地浏览、搜索和选择图书。同时，为了提升用户体验，还可以根据用户的反馈和行为，不断优化界面设计和推荐结果的呈现方式。

4.2.7 使用大数据对阅读效果进行评估

使用大数据技术可以对读者的阅读习惯和学习效果进行全面、准确的评估。下面是一些常见的方法和技术，可用于评估读者的阅读习惯和学习效果。

（1）数据收集

通过图书馆管理系统、学习管理系统、阅读记录等工具收集读者的行为数据，包括阅读时间、阅读频率、借阅记录、图书浏览历史等。此外，还可以结合问卷调查、用户反馈等方式获取读者的主观评价和反馈信息。

（2）数据分析和挖掘

利用大数据分析技术，对收集到的数据进行处理和分析。可以采用数据挖掘算法，如关联规则挖掘、聚类分析、分类算法等，探索读者的阅读偏好、行为模式和学习特征。

（3）阅读路径分析

通过分析读者的阅读路径，即读者在图书馆中阅读和借阅的图书的顺序和关联关系，了解读者的阅读偏好和兴趣，发现读者的阅读行为模式和习惯。

（4）阅读行为模式识别

利用机器学习和模式识别技术，对读者的阅读行为进行模式识别和分类。根据不同的阅读行为模式，如速读、深度阅读、跳读等，评估读者的阅读效果和学习习惯。

（5）学习效果评估

结合学习管理系统和学习成绩等数据，分析读者的学习效果和学术成绩。可以通过比较读者的阅读行为和学习成绩之间的关系，评估阅读对学习成绩的影响程度。

（6）数据可视化

将评估结果以可视化的方式呈现，例如制作图表、统计报告、数据仪表盘等。通过直观的数据可视化，帮助图书馆管理者和教育工作者更好地理解读者的阅读习惯和学习效果，进行数据驱动的决策和干预。

（7）持续改进和优化

利用大数据评估的结果，不断改进图书馆的服务和学习环境，提供更符合读者需求和学习效果的图书推荐和学习支持。同时，通过数据收集和分析，优化个性化服务和学习资源。

需要注意的是，在使用大数据技术进行评估时，需要保护读者的隐私和个人信息，确保数据的安全性和合规性。同时，与读者进行充分的沟通，确保数据收集和使用的合法性。

第 5 章　智能搜索与定位服务

在信息化背景下，公共图书馆面临着海量的图书和信息资源，读者需要从中快速准确地搜索到所需的信息。智能搜索技术和定位服务的应用可以提供更加智能、高效的搜索体验，满足读者的信息需求。本章将介绍智能搜索技术以及定位服务的实现方法。

5.1　智能搜索技术概述

5.1.1　自然语言处理与信息检索

自然语言处理（Natural Language Processing，简称 NLP）和信息检索（Information Retrieval，简称 IR）是智能搜索技术中的两个核心组成部分，它们相互配合，共同实现了智能化的搜索过程。

自然语言处理是一门研究人类语言与计算机交互的学科，旨在使计算机能够理解、解析和生成自然语言文本。在智能搜索中，自然语言处理技术主要用于解析用户的查询意图、理解查询中的关键词和上下文信息，以便更好地理解用户的需求，并将其转化为计算机可处理的形式。

自然语言处理涉及多个任务和技术，包括词法分析、句法分析、语义分析、语言模型等。词法分析用于对查询进行分词和词性标注，将查询拆分为单个的词语单位，以便后续处理。句法分析则关注句子的结构和语法关系，用于解析查询中的语法结构和句子成分。语义分析是自然语言处理的核心，它致力于理解句子的意义和上下文信息，包括词义消歧、语义角色标注等任务。语言模型则是为了建立句子的概率模型，用于评估查询的合理性和生成相关的搜索建议。

信息检索是指根据用户的查询，在大规模文本集合中找到与查询相关的文档，并按照相关性进行排序和呈现。传统的信息检索方法主要基于关键词匹配和统计算法，但随着用户查询的复杂性和多样性增加，传统方法的效果逐渐受限。因此，信息检索与自然语言处理的结合应运而生，以提高搜索结果的质量和相关性。

在智能搜索中，自然语言处理和信息检索相互协作，共同实现更智能化的搜索过程。自然语言处理技术通过理解用户查询的语义和上下文信息，将用户的查询转化为更准确的搜索意图。信息检索技术则利用更复杂的算法和模型，对文档集合进行语义匹配和排序，从而提供与用户查询最相关的搜索结果。

自然语言处理和信息检索是智能搜索技术的重要组成部分。自然语言处理技术用于解析用户的查询意图和理解查询中的关键词和上下文信息，将其转化为计算机可处理的形式。信息检索技术则用于在文本集合中找到与用户查询相关的文档，并按照相关性进行排序和呈现。这两个领域的结合使得智能搜索能够更好地理解用户需求并提供精确和个性化的搜索结果。

5.1.2　搜索引擎的优化与创新

搜索引擎是智能搜索技术的核心组件，它通过索引和检索大规模的信息资源，并根据用户的查询提供相关的搜索结果。搜索引擎的优化和创新是为了提高搜索结果的质量、准确性和用户体验，使搜索过程更加智能化和高效。搜索引擎的优化主要包括以下 4 个方面。

（1）算法优化

搜索引擎的核心是搜索算法，通过不断优化算法，可以提高搜索结果的相关性和排序准确性。例如，改进排序算法，使得搜索结果更符合用户的需求；优化检索模型，提高搜索的召回率和准确率；引入机器学习和深度学习技术，进行更精准的语义匹配。

（2）数据优化

搜索引擎需要对大规模的文档集合进行索引和检索，因此对数据的处理和优化是关键。数据的优化包括索引结构的设计和优化、数据压缩和存储方式的改进等。通过有效的数据优化，可以提高搜索的速度和效率，加快搜索结果的呈现。

（3）用户体验优化

搜索引擎的目标是满足用户的信息需求，因此在用户体验方面的优化是至关重要的。例如，改进搜索界面的设计，使其更简洁、直观和易用；提供实时搜索功能，动态展示搜索结果；个性化搜索设置，根据用户的偏好和历史行为进行个性化推荐。

（4）移动端优化

随着移动设备的普及，移动搜索的需求也不断增加。搜索引擎需要针对移动设备进行优化，使搜索结果在移动端的展示更加友好。例如，响应式设计、移动优先索引等技术可以提供更好的移动搜索体验。

除了优化，搜索引擎还需要不断创新，以应对不断变化的用户需求和技术发展。以下是 7 个搜索引擎创新的方向。

（1）语义搜索

利用自然语言处理和机器学习技术，实现更准确的语义匹配和理解，使搜索结果更符合用户的意图。

（2）多媒体搜索

不仅限于文本搜索，还可以支持图像、音频、视频等多媒体内容的检索和展示。

（3）实时搜索

通过实时更新和索引，提供与时俱进的搜索结果，满足用户对最新信息的需求。

（4）个性化搜索

根据用户的兴趣、偏好和历史行为，提供个性化的搜索结果和推荐，使搜索更具针对性和个性化。

（5）跨语言搜索

支持多种语言之间的搜索和翻译，打破语言障碍，提供更广泛的信息检索。

（6）融合搜索

整合不同类型的信息源，如网页、社交媒体、新闻等，提供多维度、全面的搜索服务。

（7）上下文感知搜索

利用用户的地理位置、设备信息等上下文信息，提供更精确和个性化的搜索结果。通过持续的优化和创新，搜索引擎可以不断提升其搜索质量和用户体验，满足用户在信息获取方面的需求，推动智能搜索技术的发展。

5.2　定位服务的实现方法

定位服务是利用定位技术确定用户所处位置，并提供与位置相关的信息和服务。在个性化服务中，定位服务可以用于向用户提供特定位置的推荐、导航、场馆活动等信息。下面介绍 7 种常见的定位服务实现方法。

5.2.1　GPS 定位

GPS 定位是一种常用的定位服务实现方法，通过全球定位系统（GPS）来确定用户的地理位置。GPS 定位利用一组卫星系统和接收器设备，通过接收卫星信号并计算距离来确定用户所处的准确位置。下面详细介绍 GPS 定位的原理和实施过程。

（1）GPS 定位原理

GPS 定位基于距离测量的原理，使用卫星发射的信号和接收器接收的信号之间的时间差来计算用户与卫星的距离。通过同时接收多颗卫星的信号，利用三角定位原理计算出用户的具体位置坐标。GPS 定位的基本原理如下。

1）卫星信号发射

GPS 系统由一组绕地球轨道运行的卫星组成，它们发射无线电信号。

2）信号接收

GPS 接收器设备接收卫星发射的信号。

3）时间差测量

接收器设备测量信号到达的时间，通过信号发射与到达的时间差来计算距离。

4）多卫星定位

接收器同时接收多颗卫星的信号，并计算出用户与每颗卫星之间的距离。

5）三角定位计算

根据多个卫星之间的距离，利用三角定位算法计算出用户的地理位置坐标。

（2）GPS 定位实施过程

实施 GPS 定位服务需要以下 6 个步骤。

1）GPS 设备选择

选择适合定位需求的 GPS 接收设备，如智能手机、具有导航系统的汽车等。

2）卫星信号接收

GPS 设备打开并接收卫星发射的信号。

3）信号处理

接收器将接收到的信号进行处理，包括解码、测量时间差等。

4）距离计算

根据时间差和信号传播速度，计算出用户与每颗卫星之间的距离。

5）定位计算

使用三角定位算法，根据多颗卫星的距离计算出用户的地理位置坐标。

6）地理位置显示

将计算得到的地理位置坐标以地图或文字形式展示给用户。

（3）GPS 定位的优势和应用

1）准确性

GPS 定位可以提供相对较高的定位准确性，误差通常在数米到十米的范围内。

2）全球覆盖

GPS 系统覆盖全球，用户可以在任何地点使用 GPS 定位服务。

3）实时性

GPS 定位方法可以实时更新用户的位置信息，提供及时的定位结果。

4）多领域应用

GPS 定位广泛应用于交通导航、户外探险、地图定位服务等领域。

5.2.2 Wi-Fi 定位

Wi-Fi 定位是一种基于无线网络信号的定位技术，通过分析接收到的 Wi-Fi 信号强度和特征来确定用户的地理位置。相比于 GPS 定位，Wi-Fi 定位在室内环境中表现更好，因为室内通常存在多个 Wi-Fi 接入点，可以提供更准确的位置信息。以下是 Wi-Fi 定位的原理和实施过程的详细介绍。

（1）Wi-Fi 定位原理

Wi-Fi 定位利用 Wi-Fi 信号的特征进行定位，主要依赖以下 4 个关键要素。

1）信号强度测量

Wi-Fi 设备可以检测到附近的 Wi-Fi 信号，并测量每个信号的强度。

2）接入点数据库

建立一个包含 Wi-Fi 接入点信息的数据库，记录每个接入点的物理位置信息。

3）信号指纹库

将接入点的 MAC 地址和信号强度等信息与物理位置进行关联，构建一个信号指纹库。

4）定位算法

通过比较用户接收到的 Wi-Fi 信号强度和信号指纹库中的数据，确定用户的位置。

（2）Wi-Fi 定位实施过程

实施 Wi-Fi 定位服务需要以下 5 个步骤。

1）数据收集

收集 Wi-Fi 信号强度和位置信息数据，包括建立接入点数据库和信号指纹库。

2）定位请求

当用户需要定位时，Wi-Fi 设备会扫描周围的 Wi-Fi 信号并记录信号强度。

3）匹配与比对

将接收到的信号强度与信号指纹库中的数据进行比对，找到与之匹配的位置信息。

4）定位计算

使用匹配到的位置信息，通过算法计算用户的地理位置坐标。

5）地理位置显示

将计算得到的地理位置以地图或文字形式显示给用户。

（3）Wi-Fi 定位的优势和应用

1）室内定位

Wi-Fi 定位在室内环境中表现较好，能够提供相对准确的室内定位服务。

2）节能省电

相比于GPS定位，Wi-Fi定位使用的是无线网络信号，可以减少设备的能耗。

3）兼容性

大多数智能手机和移动设备都支持Wi-Fi功能，因此Wi-Fi定位具有较好的兼容性。

4）应用广泛

Wi-Fi定位广泛应用于室内导航、位置感知服务、广告推送等领域。

5.2.3　蜂窝网络定位

蜂窝网络定位是一种基于移动通信网络的定位技术，通过分析移动设备与基站之间的信号强度和时延等参数，确定用户的地理位置。与GPS定位和Wi-Fi定位相比，蜂窝网络定位更适用于广域范围内的定位，包括室外和室内环境。以下是蜂窝网络定位的原理和实施过程的详细介绍。

（1）蜂窝网络定位原理

蜂窝网络定位主要依赖于以下要素。

1）移动基站

移动通信网络中的基站，如 GSM、CDMA、LTE 等网络中的信号塔。

2）信号参数测量

移动设备通过与基站之间的通信，测量信号强度、时延等参数。

3）基站数据库

建立一个包含基站位置信息的数据库，记录每个基站的物理位置。

4）定位算法

通过分析移动设备与多个基站之间的信号参数，结合基站数据库，计算用户的位置。

（2）蜂窝网络定位实施过程

实施蜂窝网络定位服务需要以下步骤。

1）基站数据库建立

收集并记录基站的物理位置信息，构建基站数据库。

2）信号参数测量

移动设备与基站之间进行通信，测量信号强度、时延等参数。

3）基站匹配与计算

将设备测量到的信号参数与基站数据库中的数据进行匹配和计算，确定用户位置。

4）地理位置显示

将计算得到的地理位置以地图或文字形式显示给用户。

（3）蜂窝网络定位的优势和应用

1）广域范围

蜂窝网络定位适用于广域范围内的定位，包括室内和室外环境。

2）移动性支持

由于蜂窝网络覆盖广泛，蜂窝网络定位可以实现移动设备的实时位置跟踪。

3）兼容性

几乎所有移动设备都支持蜂窝网络通信，因此蜂窝网络定位具有较好的兼容性。

4）应用广泛

蜂窝网络定位广泛应用于紧急定位服务、位置感知服务、地理围栏等领域。

5.2.4 惯性传感器定位

惯性传感器定位是一种基于移动设备内置的惯性传感器（如加速度计和陀螺仪）进行位置推断的定位技术。该技术利用设备内的惯性传感器感知设备的加速度和角速度变化，进而推断设备的位置和方向。以下是关于惯性传感器定位的原理和实施过程的详细介绍。

（1）惯性传感器定位原理

惯性传感器定位主要依赖以下要素。

1）加速度计

测量设备在三个方向上的加速度变化。

2）陀螺仪

测量设备绕三个轴的角速度变化。

3）姿态估计算法

基于加速度计和陀螺仪的数据，推断设备的方向和旋转状态。

4）运动模型

利用设备的当前状态和历史运动数据，通过积分和滤波等算法预测设备的位置。

（2）惯性传感器定位实施过程

实施惯性传感器定位服务需要以下步骤。

1）传感器数据获取

读取设备内置的加速度计和陀螺仪传感器数据。

2）数据滤波与融合

对传感器数据进行滤波和融合，消除噪声和误差，得到更准确的运动状态。

3）姿态估计

根据加速度计和陀螺仪数据，估计设备的方向和旋转状态。

4）运动预测

利用设备的当前状态和历史运动数据，通过积分和滤波等算法预测设备的位置。

5）地理位置更新

将预测的位置信息与其他定位技术（如 GPS）相结合，实现位置的更新和校正。

（3）惯性传感器定位的优势和应用

1）实时性

惯性传感器定位可以提供实时的位置信息，对于需要高频率位置更新的应用场景非常有用。

2）精度

在某些环境下，惯性传感器定位可以提供较高的位置精度，尤其是室内环境或信号弱的区域。

3）独立性

惯性传感器定位不依赖外部信号源，如卫星信号，因此在室内或地下环境中也能够提供定位服务。

4）应用广泛

惯性传感器定位被广泛应用于虚拟现实、增强现实、运动跟踪和导航等领域。

需要注意的是，惯性传感器定位存在一定的累积误差和漂移问题。随着时间的推移，由于传感器误差的累积，位置计算可能会产生漂移。因此，在实际应用中，通常会将惯性传感器定位与其他定位技术（如 GPS、Wi-Fi 定位等）相结合，以提高定位的准确性和稳定性。

5.2.5 区域定位

区域定位是一种基于无线信号的定位技术，它利用无线信号在不同区域之间的信号强度和特征来确定移动设备所处的具体区域位置。以下是关于区域定位的实现方法和应用的详细介绍。

（1）实现方法

1）信号强度定位

该方法通过监测无线信号（如 Wi-Fi 信号、蓝牙信号等）的强度变化，利用已有的信号强度与位置之间的关联模型进行定位。一般使用指纹定位或基于机器学习的算法进行信号强度定位。

2）区域划分定位

该方法将整个定位区域划分为不同的区域，每个区域有不同的无线信号特征。通过检测设备所接收到的特定信号来确定设备所处的区域位置。

（2）应用

1）室内定位

区域定位在室内环境中得到广泛应用，可以用于室内导航、位置感知、资源调度等场景。通过在室内区域部署无线信号设备（如 Wi-Fi 接入点），结合区域定位技术，可以实现室内定位服务。

2）零售和商业场所

区域定位可用于零售和商业场所中的用户定位。通过收集顾客设备接收到的无线信号特征，可以判断顾客所在的具体区域，进而提供个性化的推荐服务。

3）室外定位辅助

区域定位可以与其他定位技术（如 GPS）结合使用，提供室外定位的辅助。通过在特定区域内部署无线信号设备，可以在室内和室外之间实现平滑的定位切换。

区域定位的主要优势在于其成本相对较低和易于部署。它不需要高精度的硬件设备，而是利用现有的无线信号进行定位。然而，区域定位的精度相对较低，一般精确到特定区域而非具体坐标点。此外，无线信号受到环境干扰和信号衰减的影响，可能导致定位误差增大。

为了提高区域定位的准确性，可以结合其他定位技术共同使用。例如，将区域定位与 GPS 定位或 Wi-Fi 定位相结合，可以实现更准确的室内外定位服务。同时，采用机器学习和数据挖掘等技术，可以优化区域定位算法，提高定位的准确性和稳定性。

区域定位作为一种基于无线信号的定位技术，在室内环境和特定区域定位应用中具有一定的优势和潜力。随着无线通信技术的发展和定位算法的改进，区域定位有望在各个领域得到更广泛的应用和发展。

5.2.6 定位算法

定位算法在具体的定位技术基础上进行位置计算，常见的定位算法包括以下 3 种。

（1）地理定位算法

地理定位算法是一种用于确定设备或用户在地理空间中准确位置的算法。该算法基于地理位置信息和地理坐标系统，通过测量和计算设备与地理特征之间的距离、角度和方向等参数，确定设备的位置。以下是一些常见的地理定位算法。

1）三角测量法

该方法基于三角学原理，利用多个已知位置的参考点与目标设备之间的距离和角度信息，通过三角计算得出目标设备的位置。这种方法常用于 GPS 定位和基站定位。

2）地标识别法

该方法通过识别地理空间中的特定地标来确定设备位置。这些地标可以是建筑物、山脉、河流等。通过与已知地标的位置和特征进行比对，可以确定设备的位置。

3）地图匹配法

该方法使用地理空间中的地图数据和设备采集的位置信息进行匹配。设备采集到的位置信息与地图上的道路、地理特征进行匹配，以确定设备所在位置。这种方法常用于车辆导航和行人导航。

4）地理特征提取法

该方法利用地理特征（如建筑物、山脉、河流等）在地理空间中的位置和形状信息，通过分析和提取这些特征的几何属性和空间关系，来确定设备的位置。

5）地理位置服务（LBS）

该方法利用移动通信网络和基站的信号强度和时延信息，结合地理位置数据库，来确定设备的位置。这种方法常用于基于蜂窝网络的位置服务和商业应用。

地理定位算法的选择和应用取决于具体的定位需求和可用的定位技术。每种算法都有其优势和适用场景，可以根据定位的精度要求、环境条件和应用场景来选择合适的算法。同时，地理定位算法的准确性受到设备硬件、信号质量和数据处理等因素的影响，因此需要综合考虑各种因素来实现准确的地理定位。

（2）三角定位算法

三角定位算法是一种常见的地理定位算法，它基于三角学原理，通过测量目标设备与多个已知位置的参考点之间的距离和角度信息，来确定目标设备的位置。三角定位算法适用于室内和室外定位场景，下面将详细介绍 2 种常见的三角定位算法，多边形定位法和圆形定位法。

1）多边形定位法

多边形定位法是一种基于三角形的定位算法。它需要至少 3 个已知位置的参考点。多边形定位法的工作步骤为：①确定参考点和目标设备之间的距离。可以使用各种测量技术，如 GPS、Wi-Fi 信号强度或超声波测距等，获取参考点与目标设备之间的距离。②测量目标设备与每个参考点之间的角度。可以使用方位传感器或指向性天线等设备来获取目标设备与参考点之间的角度。③根据距离和角度信息，构建一个多边形。每个参考点表示多边形的一个顶点，而目标设备的位置位于多边形的内部。④确定目标设备在多边形内的位置。可以使用三角计算方法，如三角剖分或几何定位算法，根据距离和角度信息计算目标设备的准确位置。多边形定位法在室内定位和较小范围的定位场景中应用效果好。

2）圆形定位法

圆形定位法是一种基于圆形的定位算法。它也需要至少三个已知位置的参考点。圆形定位法的步骤为：①确定参考点和目标设备之间的距离。同样，可以使用各种测量技术获取参考点与目标设备之间的距离。②测量目标设备与每个参考点之间的角度。通过方位传感器或指向性天线等设备来获取目标设备与参考点之间的角度。③根据距离和角度信息，构建以每个参考点为圆心的圆。④确定目标设备的位置。通过计算多个圆的交叉点，可以确定目标设备的准确位置。圆形定位法适用于室外定位和较大范围的定位场景。

总的来说，三角定位算法通过测量距离和角度信息，利用三角学原理计算目标设备的位置。多边形定位法适用于室内和较小范围的定位场景，而圆形定位法适用于室外和较大范围的定位场景。选择合适的算法取决于具体的定位需求和场景条件。

（3）指纹定位算法

指纹定位算法是一种基于指纹信号的定位方法，它通过收集和比对环境中的信号指纹，如 Wi-Fi 信号强度、蓝牙信号强度或其他无线信号特征，来确定目标设备的位置。指纹定位算法适用于室内定位和相对精确的定位需求。下面是指纹定位算法的主要步骤。

1）指纹采集

首先，需要在定位区域内部署一些参考点，这些参考点已知其位置。然后，采集这些参考点处的信号指纹数据。可以通过在目标设备上运行定位应用程序，收集并记录不同位置的信号指纹信息。

2）建立指纹数据库

将收集到的信号指纹数据存储在指纹数据库中。每个参考点的信号指纹数据与其已知位置关联起来。

3）在线定位

当需要确定目标设备的位置时，通过定位应用程序收集目标设备当前位置的信号指纹数据。

4）指纹匹配与定位

将目标设备的信号指纹数据与指纹数据库中的数据进行比对和匹配。可以使用各种算法，如最近邻算法、贝叶斯分类器或机器学习算法，识别最匹配的参考点。

5）定位结果输出

根据匹配结果，确定目标设备的位置并输出定位结果。可以在用户界面上显示定位结果，或者将定位信息用于其他应用程序或服务。

指纹定位算法的优势在于不需要事先知道目标设备的位置信息，而是通过与事先采集的信号指纹数据库进行匹配来确定位置。然而，指纹定位算法也存在一些挑战，如信号干扰、信号变化和数据库更新等问题，需要通过合适的技术和算法进行解决。

室内导航与定位应用是利用定位技术和导航算法来实现在室内环境中准确导航和定位的一种应用。室内环境相比于室外环境更加复杂，传统的 GPS 定位技术在室内的效果不佳，因此需要借助其他技术和算法来实现室内导航和定位。

5.2.7　室内导航与定位应用

室内导航与定位应用可以在以下方面发挥作用。

（1）室内地图创建

通过采集室内环境的地理信息和平面布局数据，结合地理信息系统（GIS）和建筑信息模型（BIM）等技术，创建室内地图。室内地图可以包含建筑物结构、房间布局、设备位置等信息，为室内导航和定位提供基础数据。

（2）室内定位服务

通过结合各种定位技术，如 Wi-Fi 定位、蓝牙定位、惯性传感器定位等，实现在室内环境中的准确定位。通过定位算法和信号指纹匹配等技术，确定用户的实时位置，并提供相应的导航服务。

（3）室内导航功能

基于室内地图和定位信息，提供实时的室内导航功能，帮助用户准确找到目的地。导航功能可以包括路径规划、导航指引、语音提示等，通过图形界面或移动应用程序向用户展示最优的导航路径。

（4）位置感知服务

利用室内定位技术，实现位置感知服务。根据用户所处位置的不同，提供与位置相关的信息、服务或推荐，如展览信息、特定场馆的活动信息等，增强用户体验。

（5）室内定位数据分析

通过收集和分析用户的室内定位数据，可以提取用户的偏好、行为模式和需求，为图书馆提供更加个性化和精准的服务，如个性化推荐、定制化导览等。

室内导航与定位应用可以为用户在复杂的室内环境中提供准确的导航服务，方便用户找到目的地并提供相应的信息。对于公共图书馆来说，室内导航与定位应用可以提升用户体验、提供个性化服务，并改善图书馆的运营效率。

第 6 章　数据可视化与用户参与

6.1　数据可视化技术概述

6.1.1　可视化方法与工具

数据可视化是通过不同的方法和工具将数据转化为可视化形式，以便更直观地理解和分析数据。下面介绍 4 种常见的可视化方法和相关工具。

（1）统计图表

统计图表是最常见和基本的数据可视化形式，包括柱状图、折线图、饼图、散点图等。这些图表可以展示数据的分布、趋势、比较和关联关系。常用的统计图表工具有 Excel、Tableau、Power BI、Google Sheets 等。

这些工具提供了丰富的图表选项和样式，使用户能够根据数据类型和需求选择合适的图表类型。

（2）热力图

热力图通过颜色深浅表示数据的密度和强度，用于展示数据的空间分布和热点区域。热力图常用于地理位置相关的数据可视化，例如人流热力图、犯罪热力图等。地图可视化工具如 Google Maps、ArcGIS 和 QGIS 提供了热力图的生成和定制化功能，使用户能够根据地理数据和需求创建各种类型的热力图。

（3）网络图

网络图用于展示数据之间的关系和连接，常用于社交网络分析、知识图谱等领域。网络图可视化工具如 Gephi 和 Cytoscape 提供了丰富的布局算法和可视化效果，能够将复杂的网络结构呈现为直观的图形，帮助用户分析和理解数据之间的关系。

（4）地图可视化

地图可视化是将地理位置相关的数据以地图形式展示的方法。地图可视化工具如百度地图、ArcGIS、Leaflet 等提供了地图绘制、数据叠加、交互式操作等功能，使用户能够在地图上展示各种地理数据，如点数据、线数据、面数据等。地图可视化广泛应用于地理信息系统、位置分析、地理统计等领域。

除了上述方法和工具，还有其他形式的数据可视化，如词云图、雷达图、树状图等，可以根据具体数据类型和目标需求选择合适的方法和工具进行可视化呈现。

总之，数据可视化方法和工具的选择应根据数据类型、分析目的和用户需求来确定。图书馆可以根据自身数据的特点和需要，选取适合的可视化方法和工具，以提供更直观、易理解的数据展示和交互体验。同时，不同的可视化方法和工具之间也可以结合使用，以更好地呈现数据的复杂关系和多维度信息。

6.1.2 可视化设计与效果评估

在数据可视化的设计过程中，以下 4 个方面需要考虑和细化。

（1）图表类型选择

根据数据的类型和要表达的信息，选择最合适的图表类型。例如，对于时间序列数据，可以选择折线图或柱状图来展示趋势和变化；对于分类数据，可以使用饼图或条形图来展示比例和分布。合适的图表类型能够更好地传达数据的含义。

（2）颜色方案

选择适当的颜色方案可以提升数据可视化的吸引力和易读性。颜色应根据数据类型和目标传达的信息来选择，避免使用过于花哨或冲突的颜色。同时，要确保颜色的对比度和亮度使数据易于区分和辨识。

（3）布局和标注

良好的布局和标注能够帮助用户更好地理解和解读数据。合理的布局应注重信息的层次和组织，使关键数据和关系凸显。标注要清晰、简洁，用于解释数据、提供上下文信息或强调重点。

（4）交互性设计

交互性是现代数据可视化的重要特征之一。通过交互设计，用户可以探索和操纵数据可视化，从不同角度观察数据、进行筛选和过滤，以及获取详细信息。合适的交互性设计可以提升用户体验和参与度。

对于数据可视化效果的评估，可以采取以下方法。

（1）用户反馈

收集用户对数据可视化的意见、感受和建议。通过问卷调查、用户访谈或焦点小组讨论等方式，了解用户对可视化设计的满意度、易用性和信息传达效果。用户反馈可以帮助发现设计中的问题和改进的方向。

（2）用户测试

通过让用户在实际使用场景中进行任务或场景模拟，评估可视化的效果和易用性。观察用户的操作行为、反应和反馈，了解他们在使用可视化过程中的困难、需求和满意度。用户测试可以发现潜在的问题和改进的方向。

（3）数据分析

通过对用户行为数据和可视化效果之间的关联进行分析，评估可视化的效果和影响。例如，分析用户在可视化中的交互行为、浏览路径和时间花费，了解用户对数据的探索和理解程度。同时，对于数据可视化对用户行为和决策的影响进行评估，判断可视化是否实现了预期的效果。

综合上述方法，数据可视化的设计和评估需要多方面的考虑和反馈。通过不断优化和改进，可以提升可视化的效果、用户参与度和信息传达效果，从而更好地满足用户的需求和期望。

6.2　数据可视化在图书馆中的应用

6.2.1　数据展示与信息传达

数据可视化在图书馆中的应用可以帮助实现数据的直观展示和信息的有效传达，从而提供更好的决策支持和读者服务。以下是一些具体的应用场景和方法。

（1）借阅量和资源使用情况展示

通过统计图表、柱状图或折线图等方式展示图书馆的借阅量和资源使用情况，可以让读者和管理者直观地了解图书馆的热门资源、阅览室的繁忙程度、读者借阅趋势等。这些信息可以帮助图书馆做出合理的资源分配和服务优化决策。

（2）馆藏图书分类展示

通过使用热力图、树状图或网络图等方式展示图书馆的馆藏图书分类情况，可以帮助读者更好地了解图书馆的藏书结构和内容分布。这样的展示方式可以引导读者发现特定领域的图书资源，提供个性化的阅读推荐。

（3）图书馆活动和用户参与展示

通过使用时间轴、地图或饼图等方式展示图书馆的活动和用户参与情况，可以向读者展示图书馆举办的各类活动、讲座、展览等，并统计用户参与的数据。这样的展示方式可以促进读者参与图书馆的文化活动，提高图书馆的社会影响力。

（4）数字化资源和数据库使用情况展示

对于图书馆的数字化资源和在线数据库，可以通过可视化方式展示其使用情况和访问统计。例如，使用饼图或条形图展示最常访问的数据库或热门电子资源，帮助读者更好地了解和利用这些资源。同时，图书馆管理者可以根据使用数据优化资源订购和数据库访问策略。

在展示数据和信息时，设计和效果评估仍然是关键的因素。可视化设计需要考虑读者的需求和习惯，确保信息呈现清晰、易于理解，并注重交互性设计，使读者能够自主探索和深入了解数据。同时，通过用户反馈、用户测试和数据分析等方式对可视化效果进行评估，及时发现问题并进行优化和改进。这样，图书馆可以更好地利用数据可视化的优势，为读者提供丰富的信息资源和参与体验。

6.2.2　用户参与与交互体验

为了增强用户体验，数据可视化可以提供多种用户参与和交互的机制，使读者能够积极参与数据的探索和分析过程。以下是一些具体的方法和技术。

（1）交互式图表和过滤器

通过在数据可视化界面中添加交互元素，如下拉菜单、滑块、复选框等，读者可以根据自己的兴趣和需求对数据进行过滤和筛选。例如，在图书馆借阅统计图表中，读者可以通过选择特定的时间范围、图书分类或读者群体，来获得相关的统计结果。这样的交互功能使读者能够自定义数据的展示方式，提供更加个性化的数据检索体验。

（2）可视化导航和导引功能

为了帮助读者更好地理解数据可视化界面的结构和功能，图书馆可以设计导航和导引功能，引导读者在可视化界面中进行探索。例如，通过添加导航菜单、指示箭头或提示信息，读者可以快速了解不同图表之间的关联和导航方式，提供更加直观和友好的用户体验。

（3）数据标注和标记工具

为了增加数据可视化的解释性和信息传达能力，图书馆可以提供数据标注和标记工具，使读者能够对特定数据点或图表元素添加注释和备注。这样，读者可以更好地理解数据的含义和背景，与其他读者分享观点和见解，促进信息交流和知识共享。

（4）可视化分享和社交媒体集成

为了促进读者之间的交流和合作，图书馆可以将数据可视化结果与社交媒体集成，提供分享和讨论的功能。读者可以通过点击分享按钮将数据可视化结果分享到社交媒体平台，与其他读者一起讨论和解读数据。这种社交化的数据可视化体验可以增加读者的参与度，推动信息交流和合作。

通过设计交互性的数据可视化界面和提供多样化的参与机制，图书馆可以促进读者对数据的主动探索和理解，提升用户体验和参与度。同时，图书馆还可以通过用户反馈和行为分析等方式了解读者对可视化功能的需求和意见，不断改进和优化数据可视化的交互体验，为读者提供更加个性化和丰富的信息服务。

6.3　用户参与与用户反馈的管理

6.3.1　用户参与机制与活动设计

为了促进用户参与数据可视化的设计和使用，图书馆可以采取多种机制和活动。以下是一些具体的参与机制和活动设计的示例。

（1）用户反馈渠道

建立有效的用户反馈渠道是用户参与的重要方式之一。图书馆可以通过在线反馈表格、意见箱或邮件等方式，鼓励读者提供对数据可视化的意见、建议和需求。同时，图书馆需要及时回复和处理用户的反馈，表达对用户参与的重视和关注。

（2）用户讨论和分享平台

创建用户讨论和分享平台，如在线论坛、社交媒体群组或专门的数据可视化平台，为读者提供交流和分享的空间。读者可以在这些平台上发布自己对数据可视化的观点、作品或问题，与其他读者交流和互动。图书馆可以参与其中，提供指导、回答疑问，并与读者一起探讨数据可视化的应用和改进。

（3）参与式活动和工作坊

图书馆可以定期组织数据可视化的参与式活动和工作坊，邀请读者参与到数据可视化的设计和实践中来。例如，举办数据可视化培训班、工作坊或讲座，让读者学习和掌握数据可视化的技巧和方法。在这些活动中，读者可以亲自动手创建图表、制作可视化作品，并与其他参与者分享和讨论。

（4）用户参与评估项目

图书馆可以邀请读者参与数据可视化的评估项目，对已有的可视化方案进行测试和评估。通过让读者参与实际的评估过程，图书馆可以了解读者对不同可视化形式的偏好、易用性和效果，从而改进和优化数据可视化的设计和功能。

通过建立用户参与机制和设计相关的活动，图书馆可以促进读者积极参与到数据可视化的设计和使用中，提供他们与图书馆的互动和合作机会。这种用户参与的方式不仅可以帮助图书馆收集用户的意见和需求，还可以提高用户对图书馆服务的满意度和认同感，建立更加紧密的读者关系。

6.3.2　用户反馈与服务改进

图书馆可以收集读者对数据可视化的反馈意见，以改进可视化的效果和体验。通过用户调查、意见箱、用户反馈会议等方式，图书馆可以了解读者的需求和期望，针对性地进行改进和优化。这样可以建立起读者与图书馆之间的良好沟通和合作关系，提升服务质量和满意度。

数据可视化与用户参与是图书馆信息服务的重要组成部分，它可以帮助图书馆更好地展示和传达信息，提供个性化的服务，并促进读者参与和反馈。通过合理应用数据可视化技术，图书馆可以更好地满足读者的信息需求，提升读者体验，并不断改进和创新图书馆的服务。

第 7 章　未来趋势与发展方向

7.1　全球图书馆个性化服务发展趋势

随着信息技术的不断发展和应用，全球图书馆个性化服务将呈现以下趋势。

（1）数据驱动的个性化服务

图书馆将更多地依靠数据分析和挖掘，了解读者的偏好、需求和行为模式。通过分析读者数据，图书馆可以提供个性化的推荐服务、定制化的信息资源和服务导航，以满足读者多样化的需求。例如，根据读者的阅读历史和兴趣偏好，图书馆可以向其推荐相关主题的图书、期刊文章或学术活动。

（2）智能化服务和自动化系统

图书馆将借助人工智能、机器学习和自然语言处理等技术，开发智能化的服务系统。这些系统能够自动处理读者的查询、提供实时的信息咨询和支持，实现智能问答和智能推荐，提升图书馆服务的效率和质量。例如，图书馆可以开发智能助手或聊天机器人，通过自然语言处理技术回答读者的问题并提供个性化的建议。

（3）跨界合作与资源共享

图书馆将与其他机构和组织进行更广泛的合作，实现资源的共享和整合。通过与学术机构、企业和社区等合作，图书馆可以获得更丰富的信息资源和服务，提供更多样化、跨领域的个性化服务。例如，图书馆可以与学校合作，共享学生的学习数据和反馈，以便为他们提供个性化的学术支持和指导。

（4）移动化和无处不在的访问

随着移动设备的普及和网络的发展，图书馆将提供移动化的个性化服务，使读者可以随时随地访问图书馆资源和服务。通过移动应用程序或响应式网页设计，读者可以轻松浏览图书馆的藏书、借阅图书、参与活动等。这种无处不在的访问将提供更便利的服务体验，增强读者的参与和满意度。

（5）社交化和用户参与

图书馆将鼓励读者参与和分享，打造社交化的个性化服务环境。通过在线社交平台、读者评论和评分系统，读者可以分享阅读体验、推荐图书和互相交流。图书馆还可以通过读者调查和用户反馈等方式，征集读者的意见和建议，进一步优化和改进个性化服务。

综上所述，全球图书馆个性化服务将越来越注重数据驱动、智能化、跨界合作、移动化和社交化。这些趋势将推动图书馆服务向更加智能、个性化、用户中心化的方向发展，提供更具针对性和价值的信息服务。

7.2 技术创新与发展前景

在未来，技术创新将继续推动图书馆的发展，为个性化服务提供更多的可能性。

（1）强化学习和深度学习

随着人工智能和机器学习的进一步发展，强化学习和深度学习技术将被广泛应用于图书馆的个性化服务中。这些技术可以通过不断学习和优化，提供更精准的推荐和建议，实现更高水平的个性化服务。例如，图书馆可以使用深度学习算法来分析读者的阅读偏好和行为模式，从而为他们提供更符合个人兴趣的图书推荐。

（2）增强现实与虚拟现实

增强现实和虚拟现实技术将为图书馆创造更丰富、沉浸式的用户体验。通过增强现实和虚拟现实技术，读者可以在虚拟空间中浏览图书馆资源、参与互动活动，并获得更直观、全面的信息体验。例如，读者可以利用增强现实技术在图书馆中扫描书籍封面，即时获取相关的书评、摘要和阅读建议。

（3）开放数据和开放平台

图书馆将积极参与开放数据运动，共享和开放自身的数据资源。通过开放数据和开放平台，图书馆可以与其他机构和开发者合作，共同创造和创新个性化服务的应用和工具，提供更多元化的服务体验。例如，图书馆可以提供开放的 API 接口，让开发者能够利用图书馆的数据和资源，开发各种创新的应用程序和工具，为读者提供个性化服务。

（4）云计算和大数据分析

云计算技术的普及和大数据分析的发展将为图书馆提供更强大的数据处理和存储能力。图书馆可以利用云计算平台存储和分析海量的读者数据，挖掘隐藏在数据中的模式和趋势，进一步提升个性化服务的质量和效果。同时，大数据分析也可以帮助图书馆更好地了解读者需求，优化资源配置和服务策略。

综上所述，技术创新将为图书馆带来更多个性化服务的机会。强化学习、增强现实、开放数据和云计算等技术的应用将提升图书馆的服务质量、用户体验和效率，进一步满足读者多样化的需求。图书馆应积极关注技术发展的趋势，及时采纳和应用新技术，保持创新精神，不断提升自身的竞争力和影响力。

7.3 面临的挑战与解决策略

在图书馆个性化服务的发展过程中，也面临一些挑战，需要采取相应的解决策略。

（1）隐私与数据安全

个性化服务涉及大量的用户数据收集和处理，隐私和数据安全问题备受关注。图书馆需要建立健全的数据保护机制，加强数据安全管理，确保读者的隐私权和信息安全。可以采用数据脱敏技术，对用户数据进行匿名化处理，同时明确用户数据的使用目的和范围，并征得用户的明确同意。

（2）技术应用与人文关怀的平衡

虽然技术创新为个性化服务带来了机遇，但也需要注意平衡技术应用与人文关怀之间的关系。图书馆应注重人性化的服务体验，关注读者的情感需求和个性化的人文关怀，避免过度依赖技术而疏忽了用户体验和人文关怀的重要性。可以通过开展用户调研和定期反馈活动，了解读者对个性化服务的期望和需求，从而根据用户反馈不断改进和优化服务。

（3）数字鸿沟和信息不平等

个性化服务需要读者具备一定的信息素养和技术能力，但数字鸿沟和信息不平等问题依然存在。图书馆应关注数字包容性，提供培训和支持，促进所有读者能够平等地参与和受益于个性化服务。可以开展针对不同用户群体的培训活动，提供信息素养教育，帮助读者掌握相关的技能和知识。

（4）持续创新与合作发展

技术发展迅速，图书馆需要保持持续的创新和适应能力。图书馆可以与相关技术企业、学术机构以及其他图书馆进行合作，共同研究和探索个性化服务的创新应用。可以建立行业间的合作机制，分享经验和资源，共同应对挑战，推动个性化服务的发展。

通过充分认识和应对这些挑战，图书馆可以更好地发展个性化服务，满足读者的需求，推动图书馆服务向更加智能化、用户中心化的方向发展。图书馆可以制定详细的数据安全和隐私保护政策，加强用户教育和培训，与相关机构建立合作关系，并与用户保持密切的沟通与合作，以共同应对面临的挑战并实现未来的发展目标。

结　语

本书深入探讨了公共图书馆在信息化时代发展个性化服务的重要性和趋势。通过对信息化背景下公共服务、公共图书馆服务和个性化服务的分析，以及对“互联网 +”公共图书馆、数字化图书馆和大数据在个性化服务中的应用的讨论，本书展示了公共图书馆如何借助新技术和创新思维，为读者提供更加个性化、智能化的服务体验。

本书首先介绍了信息化背景下的公共图书馆与个性化服务的概念和特点，分析了公共图书馆服务的现状和存在的问题，以及个性化服务的定义和研究现状。接着，针对“互联网 +”公共图书馆和数字化图书馆，详细讨论了它们在个性化服务中的应用，并通过案例分析展示了它们的建设方式和技术支持。随后，本书重点探讨了大数据在图书馆个性化服务中的应用，包括大数据驱动的个性化服务和智能搜索与定位服务。最后，本书强调了数据可视化和用户参与在个性化服务中的重要性，并展望了未来的发展趋势和技术创新。

在面临各种挑战的同时，公共图书馆应采取相应的解决策略。隐私与数据安全是个性化服务发展中的重要问题，图书馆需要建立健全的数据保护机制，加强数据安全管理，保护读者的隐私权和信息安全。同时，图书馆应注意技术应用与人文关怀的平衡，关注读者的情感需求和个性化的人文关怀，避免过度依赖技术而忽视用户体验和人文关怀的重要性。另外，数字鸿沟和信息不平等问题需要得到重视，图书馆应注重数字包容性，提供培训和支持，促进所有读者平等参与和受益于个性化服务。

未来，全球图书馆个性化服务将呈现出数据驱动、智能化、移动化、社交化和用户参与的发展趋势。强化学习、深度学习、增强现实、虚拟现实、开放数据、云计算和大数据分析等技术将为个性化服务提供更多的创新机遇。同时，图书馆需要克服挑战，保护隐私与数据安全，平衡技术应用与人文关怀，解决数字鸿沟和信息不平等问题。

本书旨在为公共图书馆从事个性化服务的相关从业人员、研究者和决策者提供参考和指导。希望本书能够促进公共图书馆个性化服务的发展，满足读者多样化的需求，推动图书馆服务向更加智能化、用户中心化的方向迈进。

参考文献

[1] 曲盛 . 网络环境下文献资源共建共享策略 [J]. 图书馆学刊，2007（04）：57-59.

[2] 何建新 . 大数据时代高校图书馆的数字资源共享策略探讨 [J]. 现代情报，2014，34（09）：101-104.

[3] 何建新 . 馆际协作建设特色数据库探讨 [J]. 图书馆建设，2009（10）：16-19.

[4] 黄艳芬 . 广东高校图书馆数字资源建设现状与共建共享研究 [J]. 图书馆理论与实践，2008（06）：85-87.

[5] 李维，文庭孝 . 湖南省高校数字图书馆建设现状调查分析 [J]. 图书馆，2015（01）：55-58+63.

[6] 陈传夫，陈一 . 图书馆转型及其风险前瞻 [J]. 中国图书馆学报，2017（7）：32-50.

[7] 柯平 . 重新定义图书馆 [J]. 图书馆，2012（5）：1-5.

[8] 刘宇，朱明 . 中国图书馆学如何应对图书馆事业的转型：试论中国图书馆学的未来发展路径 [J]. 图书与情报，2019（6）：72-77.

[9] 吴建中 . 新常态新指标新方向：2012 中国图书馆年会主旨报告 [J]. 图书馆杂志，2012（12）：2-6.

[10] 方家忠 . 大都市的公共图书馆事业国际学术研讨会论文集 [M]. 广州：中山大学出版社，2013.

[11] 饶权 . 中国图书馆事业的历史经验与转型发展 [J]. 中国图书馆学报，2019（9）：15-26.

[12] 饶权 . 回顾与前瞻：图书馆转型发展面临的问题与思考 [J]. 中国图书馆学报，2020（1）：4-15.